高校教育管理模式与实践研究

孙 舟　常 媛　高 翔 著

北方联合出版传媒（集团）股份有限公司
万卷出版有限责任公司

图书在版编目(CIP)数据

高校教育管理模式与实践研究 / 孙舟,常媛,高翔著. --沈阳 : 万卷出版有限责任公司, 2024. 5.
ISBN 978-7-5470-6557-0

Ⅰ. G640

中国国家版本馆 CIP 数据核字第 2024EN1316 号

出版发行:北方联合出版传媒(集团)股份有限公司
万卷出版有限责任公司
(地址:沈阳市和平区十一纬路 29 号　邮编:110003)
印 刷 者:辽宁鼎籍数码科技有限公司
经 销 者:全国新华书店
幅面尺寸:170mm×240mm
字　　数:184 千字
印　　张:14
出版时间:2024 年 5 月第 1 版
印刷时间:2024 年 5 月第 1 次印刷
责任编辑:朱婷婷
责任校对:张　莹
装帧设计:马静静
ISBN 978-7-5470-6557-0
定　　价:48.00 元
联系电话:024－23284090
邮购热线:024－23284448

前言

随着时代的发展和社会的进步，高等教育在国家发展战略中的地位越来越突出，在经济社会发展中的作用也由间接推动转变为直接推动，经济和社会发展更加依靠知识的更新、人民素质的提高、科技的创新及教育的发展。一个国家高等教育的发展水平决定着这个国家教育整体的发展高度，对社会发展的其他方面也有着直接影响。因此，世界各国均对高等教育改革予以高度重视。目前，我国的高等教育已步入普及化阶段，随着高等教育的改革与发展，高等教育管理模式的创新也迫在眉睫。

教育管理模式的创新与发展是提高高校教育质量的关键。高校只有从高度和深度上全面认识教育管理工作，才能更好地提高教学质量；只有明确教育管理在高校教学过程中的地位，改变原有的只重视教学过程，忽视教育管理的错误认知，才能使高校教育活动健康有序展开。近年来，高校通过不断地探索与实践，总结出了一套行之有效的管理模式，在深化高等教育综合改革方面发挥了积极作用。

本书是关于高校教育管理模式与实践方面的研究，笔者在撰写本书的过程中，参考了很多专家与学者的研究成果，在此对他们表示衷心的感谢。书中难免会存在疏漏和不当之处，敬请读者提出宝贵意见。

目 录

第一章

高校教育管理概述

第一节　高校教育管理的含义与目标

一、管理与高校教育管理

（一）管理的含义

管理一般是指在特定的环境下，对组织所拥有的资源进行有效的计划、组织、领导和控制，以便完成既定的组织目标的过程。管理的含义包括以下三个方面。

第一，管理是为实现组织目标服务的，是一个有意识、有目的的活动过程。管理是任何组织都不可或缺的，但管理也不是孤立存在的，只要有组织及其活动，就存在管理问题。就管理本身而言，管理不具有自己的目标，不存在为管理而管理，没有活动也就不存在管理问题。管理是依附于活动存在的，组织活动的目标就是管理的目标，而管理为组织目标服务的。

第二，管理活动是通过一系列相互关联的资源要素进行的。管理工作就是要综合运用组织中的各种资源要素，通过计划、组织、控制等来实现组织目标，达到活动的目的，这是管理的基本职能。

第三，从管理本身来讲，管理活动应该按照自己的规律进行，但现实管理活动的资源并不是孤立存在的，管理工作是在一定环境条件下进行的。管理是一种社会活动，有效的管理必须充分考虑组织的特定环境。

（二）高校教育管理的含义

高校教育管理是根据高校教育的目的和发展规律，调配高校教育资源，协调高校教育系统内外的各种关系，进行有效的计划、组织、领导和控制，以便达到既定的高校教育目标的过程。

从教育管理的层面来讲，高校教育是中等教育基础之上的教育，因此，高校教育管理是指高校教育这一层面上的管理。从管理的分类来讲，高校教育管理可以分为宏观高校教育管理和微观高校教育管理。从管理的内容来讲，高校教育管理可以分为战略规划管理、宏观调控管理和教育活动管理。

二、高校教育管理的目标

（一）目标及高校教育管理目标

1. 目标的含义和特性

目标就其词义来说，是指目的。具体来说，目标是指在一定环境条件下和一定范围内，个人、群体或组织以预测为基础，按一定的价值观，对自身行为所确立并争取达到的最终结果的标准、规格或状态。

目标是主观见之于客观的东西。一方面，目标集中反映人们的设想、愿望，体现其意识的主观能动性；另一方面，目标又超前反映未来的标准或状态，体现其存在预想的客观现实性。因此，目标总要使主观需要和客观可能保持一致。目标具有以下特性。

（1）未来的导向性

目标属于方向的范畴，为人们展现未来的经过努力可以达到的前景。目标是对未来的预测，是超前思维的产物，对人类的实践活动具有引导作用。任何组织、部门要提高其管理效能，都必须制定某种方向，维系和组织各个方面，以指引单位成员共同活动。只有使目标的影响渗透到各项工作中，才能达到鼓舞士气、增强凝聚力、提高工作效率和效

益的目的。

（2）主客观的统一性

目标是由人所设想和确立的，是人对客观认识的反映。人对客观现实有了正确的认识，才可能制定出正确的目标。正确的目标，必然是主观设想和客观存在的统一。主观和客观的高度统一性，是保证目标正确性的前提和基础。

（3）社会的价值性

目标不是组织自身所能完全决定的，也不纯粹是个人意愿的表现。按照系统论的观点，任何组织都是社会中的或大或小的分子，其存在和活动的方式均受社会的制约。因而目标的确立必然反映社会的要求。这种基于客观现实、体现主观意志、反映社会要求的目标是人们认同的一种方向，一经确立，便具有使人们为之追求的价值。

（4）系统的层次性

目标不可能是单一的，各级目标纵横排列，形成了层次结构。一般来说，上一层次的实现目标的措施，成为下一层次的目标；达到下一层次的或局部的目标，是为了实现上一层次或总体的目标而服务的。高层次的目标往往从宏观角度出发，体现其战略性和概括性的特点；而低层次的目标往往从微观角度出发，反映出战术性和具体性的特点。

（5）过程的实践性

目标的实现是连续性和阶段性相统一的过程，也是完成主观走向客观的过程。这一过程归根结底是实践的过程，离开实践不可能制定出正确的目标，也就谈不上目标的实现。因为目标总是在“认识—实践—再认识—再实践”的过程中制定、调整和实现的。

2. 高校教育管理目标的含义和规律

（1）高校教育管理目标的含义

高校教育管理目标是指高校教育主体根据实现高校教育目的的要求，对各项高校教育管理活动中管理对象在一定时期内所要达到的预想结果做出的标准规定。从根本讲，与高校教育的育人目的是完全一致的。随着高校教育改革的不断深入，高校教育与社会的经济、政治、文化等各个方面的联系日益密切。相应地，也日益承担起更多的社会职能。它需要面对各种各样的社会期望，尽力满足多方面对人才的需求，这就带来了高校教育管理目标的多样化。

（2）高校教育管理目标的规律和类型

高校教育既具有外部规律，又具有其内部规律。外部规律是指高校教育必然受到社会诸因素的制约和必须为社会的政治、经济和文化等方面服务的规律。内部规律是指高校教育必须遵循人的认知、成长和发展规律以及人才培养规律。

从外部规律和内部规律的划分方法出发，高校教育的管理目标可以划分为外部目标和内部目标。外部目标是反映高校教育社会功能的目标，即在经济发展和社会进步中所起作用的目标。内部目标则指反映高校教育活动状态的目标，如教育目的、要求、途径、质量、水平、条件保证等方面的目标。因而，外部目标可以说是功能性目标，内部目标则可以说是状态性目标。

外部目标体现在高校教育主管部门对教育活动的决策和控制上，内部目标则体现在高校教育实施部门对自身价值的追求上。

（二）高校教育管理目标确立的意义

1. 目标是高校教育管理的出发点和行动依据

目标具有决定管理活动方向的作用。高校教育管理目标，决定高校教育管理活动的方向和任务，规定高校教育管理活动的内容，影响高校教育管理活动的途径和方法。高校教育管理活动的最终目的是有效地实现高校教育管理的目标。没有目标，高校教育管理就失去了方向和意义。高校教育管理活动的全过程应着眼于对目标的管理，高校教育的一切管理活动要围绕着实现高校教育管理目标这一根本任务。

2. 目标是增强高校教育管理者自觉性的重要手段

目标具有激励和鼓舞作用。做任何事都要注重效果，高校教育管理也不例外。虽然效果的取得受多种因素的影响，但人的自觉性和有效性

是直接相关的。自觉性越高，有效性就越大。因此，只有使管理者明确高校教育管理的目标，才能使之形成自发的思考和积极的行为，进而产生热情和激情。

3. 目标是处理高校教育管理主客体矛盾的必要条件

目标具有修正、完善作用。目标既是预期可以达到的，也是需要经过一定的努力才能达到的。确立目标的全过程，也是分析和认识主客体矛盾的过程。实现管理目标的努力过程，也是发现矛盾、处理矛盾和最后解决矛盾的过程。

4. 目标是检验高校教育管理效果的依据

目标具有评估作用。检验高校教育管理的效果，不是看做了多少事情，而是要依据原来确定的高校教育管理目标检验实际管理活动的效果，做那些事倍功半的事情是与科学管理的要求相悖的。只有确立高校教育管理目标，才能检验其管理成效的高低和效果的大小，才能使高校教育的评估有章可循。

（三）高校教育管理目标确立的依据

高校教育管理目标的确立，需要科学的依据。高校教育管理目标是整个高校教育发展目标的一部分，它的确立必然受制于高校教育发展的各方面的因素。高校所确立的教育管理目标，既要适应社会发展的外在要求，又要符合高校教育发展规律的内在需要，还要考虑高校教育管理对象的诸因素的不同状况。

1. 高校教育管理目标确立的社会发展依据

确立高校教育管理目标，必须把高校教育的发展放在整个社会发展中考查。

人类社会发展至今，经历了从原始社会向农业社会的第一次转变和从农业社会向工业社会的第二次转变。现在，人类社会正经历着从工业经济时代向知识经济时代的第三次转变。知识经济是以知识资源为第一生产要素的经济，是以高技术产业为支柱产业的经济，知识经济的基本要求和内在动力在于知识创新和技术创新。

就知识经济的整体发展水平来说，我国只有主动迎接知识经济的到来，正确实施科教兴国的发展战略，才能在国际竞争中争取主动。

迎接知识经济、实施科教兴国战略的主要对策有两点：一是建立国家知识创新和技术创新体系，使我国的科学技术有较大的发展；二是深化教育改革，积极培养具有创新能力的人才。

2．高校教育管理目标确立的教育发展依据

实行高校教育管理，旨在为高校教育的改革和发展服务，最终实现高校教育目的。高校教育的发展离不开党的教育方针和政策的指导，高校教育管理应根据党的教育方针、政策来确定其目标。

现代高校教育的改革和发展要求人们必须关注和研究国际经济、科技的发展趋势，增强教育的开放意识，认真借鉴世界各国的有益经验，加快发展我国的高校教育事业。这要求高校教育管理目标的确立既要围绕国家和社会对高校教育发展的基本要求，又要体现管理理论上的科学性、管理理念上的时代性、管理实践上的高效性、管理内容上的切实性、管理过程上的目的性。

高校教育管理目标的确立如果缺少科学的管理思维，就不能使其目标合情合理、切实可行，就难以达到实行目标管理的目的。如果缺少时代特征，就不能使其目标符合高校教育改革与发展的要求，就有违高校教育管理的初衷。如果不能使其操作简便、明了、易行，就不易被管理的主客体双方接受，进而难以达到事半功倍的效果。如果其内容要求不切实际，不考虑各地、各层次、各类型高校的具体情况，就难以真正为高校教育的改革与发展服务。如果在实行其全过程的各阶段，要求不明确，就会形成操作中的盲目性，并且难以在实践中加以修正，就不可能达到最后目标的要求。

高校教育的改革和发展，旨在更快更好地实现高校教育的目的，这一目的集中反映在国家和社会对人才的需求上。只有以高校教育发展为依据，才能体现管理目标的确立为培养社会主义建设要求的人才服务。

3．高校教育管理目标确立的工作目的物依据

高校教育管理对象包括人、财、物等多种类型，通常称之为管理工作的目的物。在人、财、物各类管理对象中，人是最为关键的，因为财和物的管理最终均是由人来实现的，从这层意义上来说，高校教育管理的对象主要是人。由于人的层次、素质和水平的差别，高校教育管理的具体目标有所不同。如果不依据高校教育管理对象的不同层次和具体情况，把目标定得过高或过低，都会影响高校教育管理工作的成效。

（四）高校教育管理目标确立的模式

高校教育管理目标确立的模式包括理性模式、渐进模式和综合模式。

1．管理目标确立的理性模式

理性模式主要的要求是切实，即目标的制定者根据完备的综合信息、客观的分析判断，针对许多备选的目标方案进行论证评估，排定优劣顺序，估计育人的成本效益，预测可能产生的影响，经比较之后选择最佳方案。这种模式是以理性的行为作为选择基准的。理性的行为是扩大目标成就的行为，是根据客观资料，确立目标手段的行为。

理性模式的最终目的是希望能够设计出一套程序，使管理者利用此程序，能够确立一个有最大净价值成效的合理目标。即以最小的代价，获取最大的成果。而具有最大净价值成效的目标，就是一项理性的目标。净价值成效是指目标所要求的效果大于其付出的价值。在这个意义上，理性和效率意义相同。效率是价值输入和价值输出的比例。

理性模式可以促进高校教育管理目标确立的合理性，使内容切实，要求适中，操作可行。然而，由于管理者的能力和掌握的知识有限，其目标的确立不可能完全满足理性化的要求，从而需要通过渐进的方式加以修正。

2．管理目标确立的渐进模式

渐进模式的主要要求是调适（或修正），即运用边际调适科学的方法，以现行的目标为基础，通过时段的实践，再与其他方案相比较，然后决定哪些内容需加修改，以及应该增加哪些新的内容。

(1) 渐进模式的内涵

第一，管理者不必试图建立与评估所有的目标方案，只需要重点关注那些与现行目标有渐进性差异者。

第二，管理者只需要考虑有限的目标方案，而非所有备选方案。

第三，管理者对每个方案只需要论证几个可能产生的重要结果。

第四，管理者面临的问题一直在被重新界定，注意要求—手段与手段—结果的调适，使过程的问题较易处理。

第五，高校教育管理的问题尚缺乏最好的解决方案，需要在目标实行过程中发现问题和逐渐解决问题。

第六，渐进模式具有补救性质，适合解决现实的与具体的问题，对目标趋势进行修正。

第七，渐进模式在于边际的比较，根据边际效果进行抉择，并不全面考虑每一项计划或每一个方案，所确立目标的优劣情况取决于管理者态度一致的程度。

与理性模式相比较，渐进模式较接近实际的管理情况，模式的构架较为精致完美。就管理者的个性特征而言，渐进模式也比较可行。渐进模式受到对现行目标成效的满意程度、问题性质改变的程度、现有可选方法中新方法的数量等条件的限制。如果现行目标的成效不能令人满意，则渐进模式就无法适用。现行目标仍有成效，是采用渐进模式的基础。如果问题的性质发生变化，那么渐进模式也无法适用，现有方法中，新方法数量多，则使用渐进模式的可能性就减少了。

(2) 渐进模式的应用

要想应用渐进模式，高校应具备以下条件。

第一，现有目标的成效大体上能满足高校教育管理主客体双方的需要，从而使边际变迁在目标效果上能充分显示其新收获。

第二，管理者所面对的问题在本质上必须是一致的，换言之，不同管理者对问题的看法基本是一致的。

第三，管理者有效处理问题的方法须具有高度的共同性。

3. 管理目标确立的综合模式

综合模式是为了发扬理性模式和渐进模式之长，避二者之短而构造的一种控制模式。这种模式的主要要求是追求最优化。

广义上讲，凡是将两种或两种以上的模式进行有机结合的模式都可以称为综合模式。但是，在当代高校教育目标的确立过程中，几乎所有的综合模式都包含理性成分。因此，广义上的模式都是理性与其他模式的结合。鉴于综合模式的多样性，在这里仅列举规范最佳模式和综合模式两种。

（1）规范最佳模式

规范最佳模式吸收了理性模式的主要优点，此外，还把艺术的方法和规范科学的手段结合起来，如利用专家直觉、经验判断设计新的方案，进行各种可行性研究。在具体分析中，该模式还借用各种定性方法弥补诸多因素难以量化的不足。

管理者依据渐进模式检查现行目标及其执行情况，然后再利用各种目标分析的方法，与新目标进行比较并预测新方案的可能后果及期望值。规范最佳模式还把调适目标确立的质量、调适目标确立系统本身、提高目标确立参与者的个人素质、建立必要的机制、进行必要的培训等视为模式考虑的内容，将其包括到模式中来。

规范最佳模式首先基于对现行目标的检查和论证，从而吸收了渐进模式的优点，它又吸收了理性模式的操作性方法，这就保证了方案的相对最优化。规范性的含义在于有一套目标确立的程序，还表现在它有系统的思考，即把一般意义上的控制与目标确立系统的改进联系在一起，这样规范化模式就包含了渐进模式和理性模式中的合理成分，成为更富有实用价值的模式之一。

（2）综合模式

综合模式一方面应用理性模式，宏观审视一般的目标要素，分清主次，选取重点。另一方面，应用渐进模式探讨经过选择的重点，避免寻找所有可行的备选方案，也避免了对与目标无关的次要细节和次要方案的全面分析，这就克服了理性模式和渐进模式的不足。

综合模式在选定方案的审视方面，注重使用理性模式创造新方案，克服渐进模式的保守倾向。同时对重点问题、规格要求及主要的备选方案，则注意用渐进模式方法考察，注意与已有的目标进行比较，以拟定优化切合实际的具体方案，克服理性方法的不现实性。

与规范最佳模式一样，综合模式也提供了一个搜集、分析、利用有限资料的特定程序和资源分配的策略标准。与理性模式相比，综合模式缩小了考察范围，节约了大量的时间、精力和资源。与渐进模式相比，综合模式借助理性模式客观的方法对各种主要备选方案进行精细的调适，既提高了方案的可靠性，又给创新方案提供了机会。因此，综合模式更具体可行。

第二节　高校教育管理的重点与意义

一、高校教育管理的重点

（一）教育管理的特点

教育管理在高校管理实践当中占据着不可替代的地位，同时管理活动带有明显的特殊性，这也决定了教育管理有以下几个明显特点。

1. 教育管理的能动性

能动性是教育管理的一个显著特点，指的是人的主观能动性。教育管理的主要对象是师生，是否可以有效调动师生的积极性是衡量教育管理质量的关键标准。在整个教育管理体系当中，师生拥有双重身份。教师在对大学生进行教学指导时扮演的是管理者角色，而教师作为高校教育教学执行者时属于管理对象。大学生是高校与教师的管理对象，同时又是自身学习的自我管理者，不管师生扮演着怎样的角色，承担着何种

身份，其都有主观能动性。

2. 教育管理的动态性

动态性指的是教育管理各环节均处在动态发展的进程当中，比如人才培养方案要紧随社会经济的变迁而不断地更新完善，教学质量评价系统要跟随建设内容的改变而更新。正是在持续不断地总结提升和动态化地协调处理当中，才让教育管理水平与质量呈螺旋上升状态。

3. 教育管理的协同性

教育管理担当的重要任务是协调大学生个体与高校、教师的集体活动，有效发挥师生个性，推动个人与集体的协同进步。

4. 教育管理的教育性

教育管理者利用科学性制定管理制度，优化管理过程，设置奖惩制度等方式，指导大学生进行自我教育与管理，推动大学生自我服务，最终实现育人目标。

5. 教育管理的服务性

高校中心工作在于育人，教育管理要紧紧围绕教与学，并为其提供良好的服务。树立正确服务意识是对教育管理者提出的根本要求。

（二）教育管理队伍的结构

教育管理人员的结构主要包括学历结构、职称结构、年龄结构、高校结构和性别结构等指标。科级以上管理人员岗位应具备硕士及以上学位，博士学位占一定比例；处级岗位、教学副院长（副主任）和重要科级岗位应具备副教授及以上职称，教授占较大比例；老、中、青各层次人员合理分布，教育管理队伍既要有教育管理经验丰富的中老年专家，又要有充满活力、信息技术强的青年骨干；结构上，外校人员应该占多数比例，这有利于发挥不同的管理思想；承担重要工作岗位的教育管理人员应有基层教育管理工作的经历；等等。

（三）教育管理的重点

1. 注重提高教育管理人员的职业道德和业务能力

高校应切实意识到教育管理者在高校长远发展建设当中所扮演的角

色和发挥的作用的不可替代性，有效培育其思想政治素质，使其树立事业心与责任心，始终秉持奉献精神。

教育管理者所处的位置非常关键，发挥着承上启下的作用，担当着上传下达的责任，不仅要贯彻落实上级部门给出的工作安排与文件精神，还必须协调组织教育管理活动，同时还要面对教师，处在和大学生沟通互动的前沿，这样的工作定位与职责呼吁教育管理者要具备职业道德与高度的责任意识。教学工作涉及范围广，内容多而复杂，很多事都要关注细节，有些事情看似很小，但实际上却关系深远，因此教育管理者必须具备精诚合作的精神。高校教育管理的一个重要特征是层次化管理，既有独立又有彼此的团结配合。只有具备团队协作精神，懂得如何合作和协调，才能够全方位处理好实际工作，做好分工，有条不紊地解决好诸多问题。因此，教育管理者业务水平与能力素质是独立开展教育管理工作，有效突破实际难题，完成各项管理任务的根本，这就要求教育管理者有极强的业务素质能力。高校要关注教育管理者业务素质水平的提升，使其能够熟练把握以及运用高等教育的专业化知识，掌握教育管理的基本理论与专业知识，有效评估教育教学的发展态势，协调不同部门与不同因素之间的关系，推动信息的顺畅流动，革新管理策略，全面提升管理水平，从实际出发开展教育科学研究和实验活动，有效推动教育管理现代化与科学化。

2. 正确处理教育管理与教学质量的关系

教育管理是高校针对教学工作的不同环节开展的管理活动，结合既定管理目标与原则对教育教学工作实施有效调控。教育管理各环节均与教学质量存在着密不可分的关联，要特别注意结合反馈信息以及评估获得的结果进行教学计划的革新调控；每一项具体工作又包括很多不同的方面，教育管理一定要紧紧围绕全面提升教学质量这个中心工作实施。高校应该全面革新与健全教育管理体制，积极建立有助于新型人才培养的教育管理制度。

3. 正确处理教育管理人员与教师教学任务的关系

教育管理者与教师共同担当着教育使命，教育管理者以整合利用教育资源为主；教师以传播知识和启迪思想为主，管理育人与教书育人相辅相成。教育管理者与教师存在互相影响与相互作用的关联，属于相同目的之下的不同层面，主要体现在以下几个方面。

第一，教育管理者是衔接教师和大学生的纽带，负责协调处理二者之间的矛盾问题，有效营造优质的教学环境，确保教学和学习活动的有序开展。

第二，教育管理者利用整理分析教师教学质量信息，反馈教学和学习的实际情况，合理给予科学化评定，检查考核教师教育教学当中体现出来的学术与教学水平，评估其敬业精神，归纳评估教师是否认真完成了教育任务。教育管理者给出的指标和规划可以促使教师结合社会发展与市场需要提升教学水平，培养高质量人才。

第三，教育管理者与教师共同参与高校各项事业的建设，如课程建设和教材建设等，利用对教学的调查研究与分析工作，提出改革和优化教学的方案计划。

第四，高校管理者给教师提供教育教学方面的帮助，营造优越的教学环境，促使教师可以集中精力投入教学活动当中。

4. 注重教育管理与教学研究的关系

教育管理是一项系统性工程，需要长时间的建设与积累。高效完成日常教育管理工作，维护教学秩序只是完成了第一层次工作，仅仅标志着拥有了良好的工作基础与教学环境。要想真正提升人才培养质量与教育管理质量，还必须积极促进教育教学研究工作的开展。关注教育教学研究的高校，其拥有指导思想明确的教学任务，恰当的目标选择，能够审时度势，从国情、校情出发，确立新思想、新思路、新措施、新制度，使教学工作和管理工作处于高质量状态。

二、高校教育管理的意义

教育管理是高校教育工作的重要组成部分，对培养高质量的人才起着重要的作用。当前加强教学工作的主要任务和基本举措是加大教学投入，强化教育管理，深化教学改革。这既需要各高校结合自身实际，健全和完善各项教学工作的规章制度，还需要采取措施确保各项规章制度的严格执行。高校实施先进有效的教育管理离不开高素质的教育管理人员，只有具备一支业务能力强、创新意识强、实干精神强的教育管理队伍，高校的教育管理水平才能不断提高。

（一）教育管理人员应具备的素质与能力

现代教育要求高校教育管理工作必须适应时代的发展，这就对工作在一线的教育管理工作者提出了更高要求，要求他们具备多方面的综合能力和素质，具体表现在以下几个方面。

1. 具备高尚的道德素质

良好的道德素质是搞好教育管理工作的基本条件。高校教育管理人员的道德素质直接关系着高校教书育人的成效。“学为人师，行为世范”，教育管理人员应以自身的思想、学识和言行以及道德人格力量直接影响大学生，做到管理育人。

2. 具备强烈的责任心

教育管理工作既有较强的连续性，又会遇到新情况、新问题，工作头绪多，任务重。强烈的责任心能产生工作主动性，是教育管理人员必备的品德。如每学期的期末考试，从安排、组织考试，到上报各种考试报表，再到整理归档各科试卷、成绩单，每个环节都必须认真负责，才能较好地完成工作。

3. 具备扎实的业务知识素质

第一，要掌握系统的管理学知识。随着教学体制改革的深入，教育管理人员应掌握系统的管理学知识，按照管理规律办事，采用科学的管理方法，合理地分配人力、物力、财力，提高教育管理工作的效率。

第二，要掌握相关学科知识，这是搞好教育管理工作的基础。院级教育管理人员应了解各专业的培养目标、课程体系及各教学环节的有关内容。

第三，随着科学技术的飞速发展，办公自动化的程度越来越高，教育管理人员应学习和掌握相关的信息手段与技术，如掌握学籍管理系统、教材管理系统、教务管理系统、教学评估系统、毕业证书管理系统的应用及有关日常文书处理软件的使用等，促进教育管理方法的创新，保证教育管理工作的规范化、科学化和现代化。

4. 具备较强的工作能力素质

能力是使教育管理活动顺利完成并获得预期效果的基础和保障，因此能力培养和提高尤为重要。一名优秀的教育管理人员应具备一定的组织管理能力；较强的协调应变能力；利用现代化设备获取信息、处理信息的能力；较强的调查研究能力及团队协作能力等。这些能力是教育管理人员准确评估教学的发展趋势，协调各教学单位间的相互关系，促进教学信息良性流动所应该具备的基本素质能力。

（二）教育管理的重要性

从世界高等教育的发展趋势看，深化教育管理是当今世界高等教育发展趋势的客观要求。提高人才培养质量是世界各国面临的共同课题，所有高校都在思考“21 世纪的高等教育应该如何发展”这一问题。严格规范教育管理，特别是加强教学质量的控制是提高高等教育质量的重要保证，向管理要质量是教学改革的重要任务之一。

从高校教学和管理队伍的历史、发展和形成来看，目前绝大多数从事教育管理工作的人员在校学习期间没有进行系统的教育学、心理学、教育管理学等方面专业技术知识的学习，大部分人员是通过在实际工作中的不断探索而积累经验的，因而无法从理论上、教学规律上更好地把握教育工作和教学改革的建设工作。

从高等教育科学的发展来看，高校应把教育管理作为一门科学来对待，高校教育管理应形成必要的校内外教育研究信息沟通机制。高校应加强教育教学研究的氛围，进行有组织、有计划、有目的的教育教学及管理研究，对学习、借鉴、继承、发展等进行系统思考和具体安排。

（三）管理队伍建设的意义

建设一支综合素质过硬的教育管理团队是有效提升高校核心竞争力的重要举措。随着社会的发展，高校间的竞争越来越激烈。如何招到更多的优秀大学生，如何培养出更多高素质的大学生，如何使大学生在就业市场占据有利的地位已成为各高校普遍关注的重要问题。而从新生入学、过程培养，到毕业生离校的整个学习过程，任何一个环节都离不开教育管理的保障。教育管理队伍实力强，则贯穿教学过程中的理念就先进，制度就健全，教与学的环境就更严谨、公正，大学生掌握的知识和技能就更全面，因此加强管理队伍建设将使教学质量得到提高和保障。

实际工作中，教育管理队伍也确实为提升教学工作水平发挥了关键性的作用。无论是办学指导思想、师资队伍建设、教学条件和利用、专业建设与教学改革，还是教育管理、学风与教学效果，所有这些能够决定教学水平的项目，都与教育管理人员的工作息息相关。只有加强教育管理队伍建设，并将高素质的教师队伍与高质量的教学组织管理有机地结合起来，才能创造出良好的教育教学质量，不断地提升教学工作的水平。

加强教育管理队伍建设是提高人才培养质量的重要手段，人才培养是高校的根本任务，质量是高校的生命线。为了全面提高人才培养质量，必须强化教育管理，深化教学改革，积极推进教育创新，尤其要推进人才培养模式、课程体系、教学内容和教学方法的改革，促进传授知识、培养能力、提高素质的协调发展。教育管理人员是深化改革、推进创新的主要策划者、实施者和监督者，教育管理队伍的水平直接决定了高校教学改革的广度、深度和力度。所以，提高人才培养质量必须加强教育管理队伍的建设。

第三节　高校教育管理的组织系统与内容体系

一、教育管理的组织系统

教育管理组织系统是教育管理群体为达成共同的目标，利用权责分配、层级统属关系与团队精神构成的可以实现自我发展与调节的社会系统，主要用于解决由谁管理与如何管理的问题。管理是指组织机构安排、隶属关系与权责规划等组织制度的体系化建设，管理体制是指管理系统的结构和组成方式。要想充分发挥教育管理组织功能，就要从根本上优化管理体制，促进组织结构的科学合理建设。管理系统属于结构性关系组织，是组织成员彼此行为关系构成的一个行为系统，更是一个随时代变迁而调整适应的生态化组织，更是成员角色关系网。教育管理组织建设的根本目的是要构建全面科学的教育管理系统，构建质量管理系统与运行机制，更好地为广大师生以及教育教学工作提供助力。教育管理系统关注的是过程管理纵向系列与横向系列整合。纵向系列指高校、二级学院（部）、教学系部和教研室；横向系列有教务部门、科研部门、大学生管理部门、人事部门、政工部门、后勤保障部门等。要促进教学目标的达成，培育出更多优秀人才，必须确保这两个系列进行有效协调。

高校为了确保构建的教育管理组织系统可以顺利高效地开展，灵活创新地运行，一定要打造高素质的教育管理队伍，明确机构设置，确定岗位责任。

二、教育管理的内容体系

想要做好教育管理，提升管理质量，其核心在于管理者应清楚地知道所要管理的内容，重点管理的内容以及如何能够管理好。教育管理本身是一个整体，从多元化角度来说，就教育管理内容体系、业务科学体系而言，可以将其归纳为四项，分别是教学计划管理、教学运行管理、教学行政管理和教学质量管理与评价。如果将教育管理职能作为划分标准，应该包含控制协调、评估激励、研究创新、决策规划、组织指导等几项内容，从教育管理层次与高度层面上进行分析，涵盖教学改革、教学建设与日常管理这几个部分。

（一）教学计划管理

人才培养方案是高校提升教育教学质量，确保培养规格的关键性文件，是安排教学活动，设置教学任务，维护有序的教学编制的依据。教学计划是在教育部宏观指引下，由高校组织专家自主制定完成的，所以每个高校拥有很高的自主权，教学计划在确定之后必须全面贯彻落实。教学计划管理的核心在于合理设计人才培养蓝图，要求高校投入极大精力，开展基本调查研究，尤其是获知新的教育观点、教学内容、培养模式等内容。需要高校本学科专业的学术教学带头人、骨干教师先进行课程结构体系的研究，只有保证课程结构体系的优化与全面，将人才培养的总体规划进行有效定位，才能够为优秀毕业生的培育奠定坚实的基础。特别要注意，在制定了教学计划后，必须严格贯彻，切忌随意散乱。

（二）教学运行管理

教育管理主要在于利用规范化管理确保教育教学活动顺利有序地运转，提升教学水平。教学运行管理是围绕教学计划落实开展的教学过程与有关辅助工作的组织管理。教学过程既是学生受教师引导的认知过程，又是学生利用接受教学活动的方式，收获综合发展能力的过程。

高校教学过程在组织管理方面的特征最为明显，具体分为以下三点。

第一，学生学习自主性与探究性特征明显。

第二，坚实基础学科教育根基上的专业教育拓展。

第三，教学科研不断整合。

以这些特点作为重要根据，教学过程组织管理特别要做好课程大纲的设置，设计好组织管理内容、程序、规范要求等，以便对教学过程进行检验。

（三）教学行政管理

教学行政管理是高校、教学系部等教育管理部门结合教育规律与高校规章行使管理方面的职权，对教学活动与有关辅助工作实施科学化组织、指挥、协调、调度，确保教学稳定持续运转的协调过程。

（四）教学质量管理与评价

教学质量这个概念具有很强的综合性，判断教学质量水平的指标只有是涵盖教学、学习与管理质量的综合性指标，才能够得到客观准确的评估。教学质量是不断累积的产物，是动态与静态管理整合形成的，所以要关注动态与过程管理，实现过程与结果的统一。革新教育思想，提升教学水平是做好教学质量管理的基础前提。要做好质量监控，设计全程质量管理，构建与校情相适应的质量监控体系与运行机制，首先必须对质量监控概念、要素、组织体系等进行梳理，认真研究质量监控与保障的全部有关问题。高校要积极构建围绕核心，科学化与可操作性强的质量管理模式。

第四节　高校教育管理的规律与原则

研究高校教育管理，就必须认识和掌握高校教育管理的客观规律。由于高校教育管理是一门新学科，人们目前还没有科学准确地概括出它的基本规律，但有一些学者对此提出了富有启发性的见解，对高校教育管理规律做了初步探讨。

一、高校教育管理的规律

（一）自然属性与社会属性相统一的规律

高校教育管理的自然属性，是指高校教育管理活动在本质上具有不因社会条件和时代背景而变化的稳定性；高校教育管理的社会属性，是指高校教育管理活动随社会形态的变化和历史发展过程中所形成的特殊个性而呈现不同特征的性质。

1. 高校教育管理的自然属性

(1) 高校教育管理的普遍性

高校教育管理是普遍存在的，不论哪个国家、哪个历史时期，只要存在高校教育活动，就存在对培养高级专门人才的活动进行管理的必要。

(2) 高校教育管理的共同性

高校教育管理在各个历史发展时期都具有明显的共同点，这些共同点不因国家的政治、经济、文化等差异而有所变更，也不因历史时期的变化而消失。

(3) 高校教育管理的技术性

高校教育管理使用的技术和方法一般不受社会制度的影响，各国都可以相互借鉴、学习，使用先进的管理技术和手段，如计算机用于高校教育管理等。

2. 高校教育管理的社会属性

(1) 高校教育管理具有历史继承性

在人类创造历史的过程中，因社会及自然环境不同而形成的各种地域文化在高校教育管理活动中留下了深深的烙印。这些印记在高校教育管理思想和管理信条上表现为不能超越一定的社会文化形态以及人们的社会心理状态，具有同源文化的国家和地区，在高校教育管理思想和管理哲学上具有很大的相似性，而非同源文化中所产生的高校教育管理思想和管理哲学就存在明显的差异。

(2) 高校教育管理具有政治性

高校教育管理是与权利关系联系在一起的，高校教育的体制和有些制度、政策是社会制度和政策的一部分。高校教育管理必须也只能在一定的社会历史条件下和一定的社会关系中进行，生产关系的性质不同，

生产劳动的组合要素、结合方式不同，管理的社会性质也不同。高校教育体制、管理政策总是执行和巩固一定的生产关系，实现高校教育目的。

自然属性和社会属性是高校教育管理活动本身所具有的两种属性，二者处于矛盾统一体中。这两种属性统一于计划、组织、指挥、协调、控制等管理职能上，根本上统一于高校教育管理效益中。

（二）封闭性与开放性相统一的规律

高校教育管理的封闭性，是指在高校教育管理过程中，根据高校教育管理的特殊矛盾而在高校教育系统内部自我运转和良性循环的性能；高校教育管理的开放性是指在高校教育管理过程中，根据高校教育管理的特殊矛盾而在高校教育系统与外界环境相互关系、互相作用中实现物质、能量、信息交换的性能。高校教育系统的“存在”与“发展”以及“必然”和“偶然”的矛盾统一是高校教育管理封闭性与开放性矛盾统一规律的两种典型的表现形态。高校教育的发展理论、权变理论和开放系统学说，都是以遵循这一规律为前提的。

1. 高校教育管理的封闭性

在高校教育系统内部，无论进行什么高校教育管理工作，首要的前提就是在相对独立、完整的高校教育系统内部，按照高校教育系统的特定目标进行优化组合，即在高校教育系统的“投入—加工—产出”的过程中构成一个相对封闭的系统。没有封闭性，高校教育系统就没有相对稳定的环境，任何对高校教育系统的分析及高校教育管理活动过程都不可能存在。这种封闭性是一种客观性的存在，是为了更好地进行高校教育管理的必然要求。

完全封闭的高校教育系统是不存在的，因为完全封闭就意味着与环境不进行任何物质、能量、信息的交换，这样的高校教育系统必然逐渐消亡，所以，高校教育系统和高校教育管理的封闭性又具有相对性。

2. 高校教育管理的开放性

高校教育系统，一方面受外界环境的制约和影响，另一方面又对环境施加影响，二者之间存在着物质、能量、信息的交换，这使得高校教育管理具有开放性。高校教育管理的开放性是实现高校教育系统整体特性功能目标的需要，是实现高校教育管理高效益的需要，也是高校教育系统存在和发展的物质基础和基本条件。

3. 高校教育管理的封闭性和开放性既对立又统一

（1）高校教育管理的封闭性和开放性是相对的

高校教育管理的封闭性的重点是强调高校教育管理系统目前的“存在”，这使得高校教育管理将人力、物力、财力放在目前“存在”上，影响发展，失去了取得更大效益的机会。高校教育管理的开放性则在高校教育管理系统的发展上，过分注意高校教育管理系统效益的最优化，忽视系统“存在”，这将导致高校教育管理系统的“存在”基础动摇。

（2）高校教育管理的封闭性和开放性又是统一的

高校教育管理的封闭是相对的封闭，是包含开放的封闭，并在开放的封闭中实现自身的优化和发展。高校教育管理的开放是在一定存在基础上的开放，这种开放只有依存于相对独立的、完整的高校教育管理系统，才能和社会环境进行物质、能量和信息的交流，从而建立起新的更能适应社会发展需要的高校教育管理系统。

（三）学术管理与行政管理相统一的规律

高校教育管理离不开行政管理，如制定高校教育的规划，对人、财、物等资源进行分配和调控，对计划的执行进行检查督促，协调高校教育系统中的各方面使其正常运转等。但在高校教育管理中，学术管理也是很重要的方面，学术水平的高低、学术管理的成功与否，对高校教育管理的水平及其发展有重大影响。因此，在高校教育管理中必须坚持学术管理与行政管理相统一。学术管理和行政管理有以下几点不同。

1. 指导原则不同

学术管理中要坚持学术自由的原则，提倡百家争鸣，这是学术繁荣的基本条件。学术上的分歧要通过开展充分自由的讨论取得共识，不能由某个权威人物说了算，也不能采取少数服从多数，即所谓的学术民主

方法。学术问题只能用学术标准评判，强调科学性，要用科学实验和论证、调查研究、同行专家评估的方法，而不能采用行政管理中行政决断的方法。行政管理中由于存在抓住机遇的问题，所以强调少数服从多数的原则，适时做出决断。但行政管理的重大决策，也要考虑其科学性、合理性，同时更强调要从实际出发，考虑其可行性，考虑它会产生什么影响和效果。

2. 采用方法不同

在学术管理中，由于学科、专业、任务不同，所运用的方法也就不同。因此，学术管理不能采用统一的模式，应该是多样化的管理方式。管理文科和理科的方法不一样，管理专业课和基础课的方法也不相同。行政管理则强调统一，由于它强调从全局出发，发挥高校教育的整体功能，因此，往往采用集中划一的方式，用政策法令、规章制度等统一和协调高校教育管理的各方面工作。

3. 管理程序不同

学术事务的管理是依靠教授、专家实行民主管理。在我国很多高校，学术事务管理上的决策，都会邀请教授参与讨论。行政管理是贯彻执行上级指示和领导工作意图，是一种“科层式”管理，强调下级服从上级，从上到下逐级指挥和布置，层层贯彻执行。

高校教育管理中学术管理与行政管理虽然存在以上不同，但这些不同只是相对的，学术管理与行政管理往往是交织在一起的，很难分开。特别是随着高校教育日趋大众化，高校规模的扩大和内部结构的日益复杂化，高校教育管理的难度也逐渐加大，这必将促进行政管理的强化。因此，在高校教育管理中，要注意根据学术管理与行政管理的不同特点，采用不同的方法进行管理，并尽量协调好二者之间的关系。

（四）过程管理和目标管理相统一的规律

探索管理活动的过程是管理科学的核心问题之一。管理过程是为实现管理目标执行一系列管理职能的动态过程和环节。只有管理活动按一定的程序，行使其基本职能，形成有序的管理过程和环节，才能顺利地实现管理目标。如果对管理过程缺乏综合分析，就难以揭示各部分管理工作的内在联系。

1. 过程管理

高校教育管理过程可以归纳为计划、执行、检查、总结四个环节。

（1）计划

“计划”是起始环节，统领整个管理过程。计划环节包括确定目标、制订若干方案、选择决策、拟定行动计划等。制订计划最主要的内容是确定管理目标。

（2）执行

“执行”是使计划付诸实施。执行环节是管理者在管理过程中实施组织、指挥、协调、控制等一系列管理职能，其内容包括建立机构，完善制度，组织人力、物力，指挥行动，协调关系，教育鼓励等。通过这些手段，协调人、财、物等各种要素的相互关系，使其效能充分显示出来，使计划得以实现，达到既定的目标。

（3）检查

“检查”是对执行的监督和加强。因此，检查环节和执行环节是结合在一起的，不是分阶段的。检查环节主要是实施管理的控制职能，其重要内容是建立反馈渠道和机构，及时提供反馈信息，以保证计划所规定的目标的实现。检查还能检验计划的正确程度，必要时采取追踪决策，调整计划，修改或补充执行措施。

（4）总结

“总结”是终结环节，是对计划、执行、检查这三个环节的总检验，是用计划目标作为尺度对管理的全过程进行总评价，也为制订新的计划提供依据，起着承前启后的作用。

由此可见，管理目标统帅、指导着管理全过程，管理过程的各个环节都是为实现管理目标服务的。高校教育管理者在管理过程中，一定要保持清醒的头脑，时刻不忘管理目标，一切为实现管理目标而奋斗，如果成天忙于事务，把手段当成目标，就会迷失方向。

2. 目标管理

目标管理是运用目标指导管理过程的一种管理方法。具体内容如下：由管理者和被管理者根据组织的任务共同确定管理目标，包括把总目标分解为部门目标和各成员的个人目标；动员各部门和全体成员自觉地为实现各自的目标而努力工作；用管理目标检查工作的进度和评估工作的成效，根据成果实施奖惩。

高校教育管理过程还有难以控制的特点，原因有以下几点。

第一，学校教育工作的周期性长，管理效能具有滞后性，它的社会效益要在若干年以后才能显示出来。

第二，教师工作决定了其工作方式大多是个体劳动，具有很大的独立性，不像工厂生产物质产品那样按工序进行严格的分工。

第三，高校的“产品”（学生）很难定型化、标准化，培养学生的质量不易检验，而且学生还有很大的可塑性，学生的性格、思想、智能也各有差别，在管理过程中要注意因材施教，这也增加了控制的难度。

因此，高校教育管理要把过程管理和目标管理结合起来。

（五）管理与服务相统一的规律

一般来讲，管理具有两种职能：一是协调和控制生产关系的职能，二是组织生产的职能。在管理实践中，这两方面的职能就是指管理与服务。二者虽有区别，但又密切联系、相互促进，是辩证统一的。服务工作做得好，有利于加强管理，而科学有效的管理本身就是很好的服务。

在高校教育管理中，必须注意根据高校教育的特点，处理好管理和服务的关系。要正确处理好高校教育管理中管理和服务的关系，关键是正确对待教育工作者，特别是高校中的教师。高校教师既是主要的管理对象，又是主要的服务对象。在高校中必须充分理解和尊重教师，因为办好高校，搞好教育管理，主要依靠教师。要尊重他们的人格和个性，理解他们具有个体的劳动方式、喜欢独立思考、遇事求真的思维习惯等特点，对他们的业务成绩要合理评价、充分肯定。

二、高校教育管理的原则

高校教育管理的原则是根据一般管理学的原理提出的，同时又特别适用于高校教育管理领域。它必须全面、准确地反映高校教育管理活动的特点、本质与规律，在理论上是完备的，在实际工作中又是切实可行的，能覆盖整个高校教育管理活动领域，普遍有效地指导高校教育管理实践活动。

在整个高校教育管理体系当中，管理的原则地位十分关键，有承上启下的作用，为管理目标和实现这一目标的手段搭建了桥梁，是运用有效方法推进管理实践的根本要求。管理原则与管理目标、过程、方法、制度、管理者等要素之间存在紧密关联，同时管理原则与管理目标处在指导地位。

（一）高校教育管理原则确立的依据

原则是人们对客观规律的认识和反映，是指导人们观察和处理问题的准则。由于规律具有不以人的意志为转移的客观性，因此，作为客观规律反映的原则也应该具有一定的客观性。任何管理活动，总是自觉或不自觉地遵循着某种原则，这就是管理原则。为了使管理活动有效，管理原则必须符合客观规律，并随着社会的变化而发展。

高校教育管理原则是从事高校教育管理时应遵循的活动准则和基本要求。它是从高校教育管理的实践活动中总结提炼出来的，反映了高校教育管理活动的特殊性规律和特点。确立高校教育管理原则，既要借鉴现代管理的一般理论，又要充分考虑高校教育管理的特殊背景；既要追求理论上的相对完备性，又要强调对实际工作的指导意义。尤其要分析各原则是否涵盖，以及在多大程度上涵盖整个高校教育管理领域，从而给高校教育管理原则以科学、客观、合乎逻辑的定位。

1. 既要遵循一般管理活动的客观规律，又要遵循高校教育的客观规律

管理存在自身的规律，管理活动必须遵循这些规律。一般管理活动的规律就是管理各基本要素之间内在的本质的联系和管理过程的逻辑关

系。现代行政管理学的理论和方法就是对行政管理活动一般规律的认识和反映。

行政管理思想经历了工业管理、人际关系、结构主义等发展阶段。教育管理在不同场合、不同程度上借鉴了行政管理思想。例如，人际关系理论注意到员工的积极参与、满意、合作以及士气与团体的凝聚力有可能使生产效率得到提高。这种思想也影响到教育行政管理人员寻找方法提高教师和学生的积极性和主动性，以期最大限度地发挥他们的创造力。

虽然一般的管理理论与方法对高校教育管理原则的确立有一定的借鉴意义，但管理活动不能脱离事物本身的发展规律。高校教育管理必须遵循高校教育的客观规律，调节和协调高校教育活动中的各种关系，以保证高校教育目标和任务的实现。因此，认识和掌握高校教育的客观规律，是确立高校教育管理原则的客观依据。

高校教育的一般基本规律包括两个方面：一是高校教育与社会协调发展的规律，二是高校教育与受教育者身心全面发展相适应的规律。高校教育管理原则只有以这两个规律为前提，才能避免高校教育管理与高校教育工作者之间的对立和冲突，从而提高管理效益。与一般的管理活动相比，高校教育活动存在一些特殊规律，它们构成了这门学科专门的研究领域。

2. 高校教育管理活动的特殊性

对于管理对象核心——人的管理，高校与工厂不同。工厂管理者面对的是工人，工人生产的是没有意识的物品。高校教育管理者面对的是教师和学生。教师既是管理对象又是管理者，他们面对的是有意识的学生。学生既是被教师塑造的“产品”，又参与自身塑造，从这个意义上说，学生也是管理者。因此，高校教育管理中要充分调动教师和学生的积极性和主动性，并为他们创造有利于独立思考、自由发挥的条件和环境。

同时，由于教师和学生都是脑力劳动者，高校教育管理过程以知识为中介，有大量的学术问题，因此要注意行政管理与学术管理的统一。

这也是高校教育管理的特殊性。

3. 高校教育管理原则的系统性

教育管理原则不应是随机的、零散的，而应构成一个系统，具有整体性、目的性和关联性。

高校教育管理原则体系的整体性在于，各原则围绕怎样提高高校教育管理效率这一目标，没有一条原则能脱离原则体系而存在。只有存在于原则体系中，每一条原则才有它的功能。而且，原则体系的功能是以整体功能而论的，而不以某一条原则的功能而论，原则体系的整体功能不等同于各条原则功能的简单相加。各条原则只有在原则体系整体功能目标（即提高高校教育管理效率）的指导下，以合理的方式相互联系在一起并充分发挥各自功能，才能保证原则体系整体功能的实现。

高校教育管理原则是从事高校教育管理时应遵循的行为准则和基本要求。高校教育管理原则体系的目的性在于，利用原则指导具体的高校教育管理实践活动，使管理活动更符合客观规律，从而提高高校教育管理效率。

高校教育管理原则体系的关联性是指涉及高校教育管理过程的各条原则应该相互依存、相互补充、相互制约。

（二）高校教育管理的基本原则

高校教育管理的基本原则应该根据一般管理学的原理而提出，同时又特别适用于高校教育管理领域。它们必须全面、准确地反映高校教育管理活动的特点、本质与规律；它们在理论上是完备的，在实际工作中又是切实可行的，能覆盖整个高校教育管理活动领域，普遍有效地指导高校教育管理实践活动。根据对高校教育管理原则确立依据的分析，高校教育管理基本原则体系应该包括五个方面。

1. 高校教育管理的方向性原则

管理是一种有目的的活动，管理工作必然有方向。管理成效的大小，首先决定于方向是否正确。任何管理活动，其目的都是实现一定的管理目标。管理目标是管理活动的前提，管理目标体现管理的方向。教育是培养人的社会活动，就其本质来说，教育必须与一定的社会政治、

经济相适应，并为其服务。不论什么社会性质的高校教育，培养什么样的人都是一个根本问题，是高校教育目标的核心，它集中体现了高校教育管理的方向。

（1）要坚持社会主义方向

社会主义的高校教育管理，必须坚持社会主义方向。我国是一个社会主义国家，高校教育必须为社会主义现代化建设服务，必须为人民服务，必须与生产劳动和社会实践相结合，培养德智体美劳全面发展的社会主义建设者和接班人。高校教育必须为社会主义建设培养建设者和接班人。要明确我国的高校教育是社会主义性质的，要为社会主义服务，坚持社会主义方向。

（2）要坚持为社会主义经济建设服务

高校教育为社会主义现代化建设服务，根本任务是培养人才，主要是通过培养社会主义经济建设需要的人才来实现的，这称之为高校教育的服务方向。

高校教育要坚持社会主义方向，同时要服务于经济建设这个中心，主动适应经济社会发展的需要。这从两个角度规定了高校教育的办学方向，各有侧重，相辅相成，二者并不矛盾。

2. 高校教育管理的高效性原则

任何管理活动，其基本目的都是提高组织系统的效率和效益。管理效率和效益的关系，是与管理目标联系在一起的。目标正确，效率越高，效益越好；管理效益的大小就是在消耗一定的人力、物力、财力和时间等资源的条件下，实现管理目标的。

高校教育管理的高效性原则是高校教育管理本质的直接体现和具体化。它要求以一定的高校教育资源投入，培养和提供更多的合格高级专门人才和高水平的研究成果。或者说，培养和提供一定数量的合格人才和研究成果，投入的高校教育资源要求最少。

高校教育所产生的效益是多方面的，它既能促进生产力的发展，又是建设精神文明不可或缺的手段，是社会得以发展的重要条件。这些主要体现在提高劳动者素质和培养人才的数量和质量方面。同时，高校教育在发展科学技术文化方面的作用也是十分重要的。

高校教育是需要大量投入的事业，而发展高校教育的资源又是有限的，它靠社会提供，既受社会经济发展水平的制约，也受社会政治制度、管理体制和人们教育观念的制约。因此，高校教育管理既要注重经济效益，即以较少的投入培养更多的人才，注意节省人力、物力和财力，也要注重精神效益、社会效益，即坚持办学的方向，全面提高高校教育的质量。

3. 高校教育管理的整体性原则

高校教育管理整体性原则既取决于高校教育系统的整体性，又受制于培养高级专门人才的高校教育目的。高校教育管理的整体性原则可表述为：以培养人才为中心，科学地组织各方面的工作，并充分地考虑社会环境中诸因素的影响。

高校教育的根本任务是培养人才。培养人才不仅要组织好教学工作，还必须有思想教育工作、师资培养工作、科学研究工作、后勤管理工作等与之配合。除了培养人才的职能以外，高校还有开展科学研究的职能和直接为社会服务的职能。高校教育管理的目标和内容，不是单一的教育、教学活动的管理，而是包括教育、科学研究和直接为社会服务等活动的综合管理。不论是培养人才、开展科学研究和为社会服务，都与社会系统紧密相关，都必须与社会经济、政治、科学文化相适应，因此，必须把高校教育管理放在整个社会环境中考虑。

（1）高校教育管理要以培养人才为中心

第一，就政府对高校教育的宏观管理来说，首先要做好培养人才的决策和宏观控制，包括人才培养的预测规划、总体规模、发展速度、结构布局等，以及通过组织、计划、协调、立法、拨款、检查评估等手段，保证培养人才的数量和质量。

第二，就高校的管理来说，各部门的工作都要面向学生，教学和思想教育工作要遵循人才成长规律，科研、生产工作要与教学工作结合，后勤工作要为教学和科研服务，不能各自为政、各行其是。

（2）要处理好教学和科研的关系，使二者相互结合、相互促进

教学是高校培养人才的主要方式和基本途径。但是，不能把教学工作仅理解为课堂讲授。教学活动既包括通过课堂讲授，使学生学到间接知识，也包括指导学生获得直接知识和掌握学习方法。因此，教学是传授知识、发展智力、培养能力和形成良好思想品德的综合过程。

科学研究是培养人才的重要途径，把科学研究引入教学过程是高校教学过程的一个重要特点，它能给学生创造全面发展智能的环境和条件。学生通过参加科学研究能够有目的地、主动地学习，进行积极思维，在实践中发挥各方面的能力，培养创新精神，还能养成严谨的治学态度、踏实的工作作风和团结合作的精神。科学研究能更好地促进师生之间教与学两方面的信息交流，使教师对学生了解得更深入、更具体，有利于实行因材施教，更好地发挥学生的特长和主动性。开展科学研究还能够提高学校教师的学术水平，充实和更新教学内容，改进教学方法，使教学质量不断提高。

因此，不应该把科学研究和教学对立起来，而应该使二者互相结合，互相促进。高校教学传授给学生的知识，是前人实践经验的系统总结。科学研究正是在已有知识的基础上探索和总结新的知识，进一步加深对客观世界规律性的认识。因此，从人们的认识活动来讲，只有开展科学研究，把生产实践和科学实验的成果总结成各种理论体系，使人们不断地获得新的知识和能力，才有可能进行各门学科和专业的教学。从这个意义来讲，科学研究是“源”，教学是“流”，科学研究总是走在教学的前面。在教学中给学生讲授的理论知识，并不需要也不应该要求教师都通过自己的研究实践进行总结和积累。但是，现代科学技术的发展日新月异，高校教师如果不通过开展科学研究，及时了解和掌握学科的最新动态和发展趋向，而仅停留于传授现成的书本知识，就不可能提高教育教学质量，培养出适应现代科学技术迅速发展和现代化建设需要的合格人才。

（3）发展科学技术文化，是高校的重要任务

随着现代科学技术日新月异的发展，高科技向现代生产力转化越来

越快，高新技术产业在整个经济中的比重不断提高，科技在经济发展中的作用越来越大。21世纪是高新技术迅速发展的时代，我国改革开放和现代化建设进入承前启后、继往开来的关键时期，国家的经济建设和社会发展比以往任何时候都要更加倚重于科技进步。在这种形势下，高校应进一步加强科学研究工作。

（4）直接为社会服务也是现代高校的一项重要社会职能

高校的培养人才、开展科学研究、为社会服务这三项职能是互相联系、相辅相成的。开展各种形式的社会服务，有利于高校教学更好地理论联系实际，培养学生解决实际问题的能力，提高教学质量；有利于进一步发挥学校的潜力，充分调动教职工的积极性和主动性，通过有偿服务，为学校筹集一部分资金，以弥补办学经费之不足，用以改善办学条件和师生员工的生活条件。

但是，高校必须以培养人才为中心。衡量学校工作的根本标准是培养人才的质量和数量，绝不能只看经济收益的多少，搞短期行为，而不顾教学质量和学术水平。

因此，一定要处理好培养人才与直接为社会服务的关系。必须统筹兼顾，加强管理，对收益进行合理分配，从而调动各方面的积极性，特别是在教学第一线工作的教师的积极性。

4. 高校教育管理的民主性原则

高校教育与社会发展相适应的规律决定了高校教育是开放的系统。高校教育发展的历史已经证明，追求科学与民主是高校教育的重大使命。追求科学，可保证高校教学、科研的生命活力；发扬民主则是追求科学的保障。

（1）民主性原则是由高校教育管理封闭性和开放性相统一的规律所决定的

要办好既封闭又开放的高校，不发扬民主、不调动师生员工的积极性和创造性是不能想象的。因此，高校进行重大决策时，必须发扬民主。

高校教育管理的民主性原则可以表述为：依靠广大职工和学生民主

管理学校，动员社会力量参与高校教育管理。高校教育领域人才荟萃，学术思想活跃，高校教育管理工作必须注意充分体现学术自由的特点。高校的教学与科研，就其本质而言是学术活动，需要充分的思想自由，需要民主制度做保障。因此，对高校教育实行民主管理具有特殊的重要性。

就管理对象的特点来说，在高校，教师和学生既是管理对象，又是管理主体。教师和学生的特点，都是从事学术性很强的教学、研究和学习，是精神生产，主要靠自已独立钻研和探索。只有靠内在动力，也就是靠调动他们的积极性和主动性，才能完成管理目标。学校的培养目标、教学计划、教学大纲等要靠教师去实施，教学内容和教学方法的改革要靠教师自觉地去探索和实行；同时，也要激发学生的主动性，使其积极配合，自主地进行学习。

充分调动教师和学生的积极性，让教师和学生参与管理，这对于增强内聚力、增强对管理者的理解和信赖，以及及时改进管理措施和提高有效性，都有极大的好处。因此，高校要搞好管理，必须依靠教师发挥能动作用，同时，一切与学生的学习和生活有关的决策，还要注意听取学生的意见。

（2）管理好一所高校，需要很多学问

就高校工作的复杂性来说，在高校一般都设有许多专业和课程，有教学、科学研究、生产、思想教育、后勤以及校内校外关系等各方面的工作，有众多的人员，具有极大的复杂性。任何一所高校甚至一个系的领导都不可能完全懂得所设的各专业、各门课程和各方面的工作。从这个意义上来说，只有调动广大教职工的积极性，集思广益，共同管理，才有可能把学校办好。有关教学、科学研究、学科建设的重大决策，一定要注意听取和尊重教师特别是教授们的意见。教授在他们所从事的专业、学科领域里是专家，听取他们的意见，有助于保证有关决策的正确性；由于教授们在学术上的权威性，在师生中有较大影响，他们参与决策，更能够得到师生员工的拥护和信赖，有利于决策的实施；教授们的言行对学生有潜移默化的影响，让教授积极参与学校的民主管理，有利于培养学生的社会责任感。

就政府对高校教育的管理来说，由于高校教育有学术性强、专业学科门类多的特点，因此，要给高校学术自由和必要的办学自主权，避免过多的行政干预。高校还有多样化的特点，这是因为社会对高校教育的需求是多样化的，不同地区、不同条件和不同历史背景的学校有着不同的办学特色，这要求政府要使高校有办学自主权，以利于学校办出自己的特色，适应社会的不同需求。政府的作用是进行宏观调控和协调，为学校创造良好的环境和条件，通过财政的、政策的导向和法规的约束，引导学校主动发展。

（3）民主性原则要求制定决策民主化、执行决策民主化和评定决策执行结果民主化

高校教育管理中，决策工作要充分发扬民主精神，这种民主精神体现在让被管理者民主地参与决策过程，这样可以集思广益，提高决策的科学性，使之更切合实际。

管理者要随时了解和掌握决策的执行情况，在此基础上调整和改进决策的执行方案和方法。在这一过程中，不论是了解执行情况还是调整、改进执行的方案和方法，都离不开民主。管理者应该秉公办事，在处理公务时不应谋取私利，要尊重下属，虚心向他们求教，及时对方案和方法的执行情况进行调整和改进。

决策执行结果的评定，不仅关系到对本决策的制定者和执行者工作的评价，还关系到下一个决策的制定和执行。评定工作贯彻民主原则有利于激发和强化决策者和执行者的工作热情，有利于发挥和发展他们的创造性，最终有利于高校教育管理效益的提高。

5. 高校教育管理的动态性原则

任何事物都是处于不断变革之中的。管理过程是一个不断发展变化的动态过程。管理对象内部诸要素是不断发展变化的，它们之间的关系也在不断发展变化着，管理系统的外部环境也是发展变化的。因此，管理过程的实质，就是根据管理对象和条件的变化与发展，对其相互关系做出相应的调整，以实现整体目标。

高校教育作为社会系统的一个子系统，与外部环境处于动态的相互作用之中。开放系统的一个特点是能够变化其内部子系统，以便对各种环境中的偶然事件做出反应。管理活动与管理对象、管理环境之间有着本质的、必然的联系。高校教育管理过程中要完成的任务、组织的结构、用来完成任务的技术和参与的人员都处于动态之中。

高校教育管理的动态性非常明显。随着现代科学技术的发展，社会对高校教育的需求在不断变化，社会给高校教育提出的条件也在不断地变化。高校教育要为社会服务，必须主动提高适应经济社会发展需要的能力。这就要求高校教育必须不断改革、创新。高校教育体制改革的目标，就是逐步建立使学校具有主动适应国民经济和社会发展需要的有效机制。就高校本身来说，学生每年有进有出，教师队伍也需要适时补充和调整，教学和科研的设备也在不断地更新。

因此，高校教育管理的动态性原则可表述为：通过不断的改革以主动适应经济和社会发展的需要。动态性原则要求人们做到以下几点：

第一，以发展的战略眼光看问题。任何事物都不是静止不变的。只有改革才能促进教育发展，教育要发展则必须不断进行改革。

第二，处理好变革与稳定的关系。既不能墨守成规、抱残守缺，坚持既成的体制和维持现状，也不能全盘否定以往的经验。

第三，要注意不能朝令夕改，尤其在高校教育改革方面要持慎重的态度。

第四，高校教育管理的动态性，从根本上讲，是由高校教育必须与社会的政治、经济、科技、文化的要求相适应这一基本规律决定的。由于社会是不断发展的，高校教育也必须随着社会的政治、经济、科技的发展不断地改革，以适应社会发展的需要。

第五，高校教育管理对象和外部条件的这些变化，导致管理工作中不断出现的新情况，这需要管理者不断地总结新经验，解决新问题。

以上五条原则是高校教育管理的基本原则，是普遍适用的。方向性原则反映了我国高校教育管理的性质，从根本上确立了社会主义高校教育发展的大方向，规范了高校教育的培养目标；高效性原则指出了管理工作的本质特点和根本要求；整体性原则反映了管理工作的基本要求；民主性原则贯穿高校教育管理活动始终，为高校教育管理活动顺利进行提供了良好的氛围，保证管理工作有重要的动力；动态性原则指出完善管理工作的根本途径。它们相互制约、相互促进，共同指导高校教育管理的全部活动，构成了一个完整的原则体系。

第五节　高校教育管理的理论依据与基本方法

一、高校教育管理的理论根据

管理科学化在提升管理效率与教育质量方面意义重大。管理科学化的实现依赖于与客观实际相符的人性化与规范化的管理制度，而以上所有均离不开科学化的管理思想。科学化的管理思想总共有三个层次，分别是认知理论的管理思想、管理遵照的基本原则与实践中运用的方法。

管理思想是关于管理的观点、理论或观念，是管理理论与实践整合于人头脑的一种反应，它能够对管理实践产生重要的指导作用，思想是行动的先导，还会伴随社会和管理实践的产生、发展与变化而发生改变。19 世纪后期，受机器大生产的影响，欧洲产生了过程管理、古典科学管理思想等。20 世纪的 60 年代之后，大量管理学派产生了，促进了管理思想的繁荣。

高校学生管理是教育管理的重要组成部分，管理思想应该和教育管理思想一致，均为复杂综合的重要理论课题，也应确定理论前提，与一定的思想理论进行紧密关联，以便确定基本方向。站在哲学的角度进行分析，高校教育管理思想主要包括以下内容。

（一）运用相互联系的管理思想

高校教育管理属于社会现象，具有很强的综合性与复杂性。假如站在宏观角度上研究的话，高校和社会、家庭乃至整个时代都是存在密切关联的，广大高校学生也不是孤立和隔绝于世的，因此高校学生管理会

涉及社会、家庭，影响时代的同时也受时代影响或制约。

站在微观角度上进行分析，高校教育管理的各个要素之间，存在着彼此联系与制约的关系，比如管理和教育、管理和服务之间的关系等都互相影响与制约。

（二）运用动态平衡的管理思想

管理是一个系统性过程，该过程处在持续不断地发展变化过程中，不单单会受政治、经济、文化等诸多要素的影响，还受高校本身诸多因素的影响。所有事物都处在不断变化的过程中，管理工作也是如此，在发展过程中不断完善与进步。另外，被管理者以及被管理者的思想行为、人格等也会在教育管理过程当中发展完善。因而将动态平衡管理理念应用到管理实践当中，就要用哲学当中发展的观点，做到与时俱进、立足现实、着眼未来，探究新情况，解决新问题。

（三）运用对立统一的管理思想

高校教育管理实践活动中包含着多元化的矛盾关系，因而要借助对立统一的管理思想处理问题与矛盾。例如，管理者和管理对象间存在着矛盾，就要用对立统一的思想指导管理实践。

（四）运用实践探索的管理思想

实践是检验真理的唯一标准，而实践又是获取正确认识的主要来源。高校学生管理具有极强的实践性，同时对操作性能提出了极高的要求，所以在推进高校教育管理时，必须树立实践意识，培养探究创造的勇气，在实践当中把经验抽象为理论，以便更好地指导教育管理实践，不断反复以至无穷，促进教育管理全面进步。

二、高校教育管理的基本方法

高校教育管理的方法是以管理原则为有效依据，为保证大学生培养目标的实现，在具体管理环节运用的所有方法、步骤、途径、手段等，通常情况下有以下几种。

（一）调查研究

只有经常性地调查掌握和了解大学生的实际情况，才能有效选取出针对性强的处理方法。在调查研究过程当中，一定要针对调查对象、目的、方法等内容，做好科学规划。调查过程当中必须做到实事求是，注重综合性地研究分析调查材料与调查事务。

（二）建立规章制度

在高校教育管理发展的建设当中，应该逐步建立科学化的管理制度体系，这是确保大学生管理工作有据可循的基础。制度的建设一定要与大学生身心特征相符，同时要与整个的教育规律与大学生管理目标相适应。与此同时，制度要伴随教育改革应持续努力、不断完善，与此同时要维持相对的稳定性。

（三）实施行政权限

结合高校教育管理目标、内容等制定规章制度与相关的行为规范，利用行政方法实施有效管理，通过有关管理部门与师生、员工共同监督检查的方式，促使大学生集体或个人与管理目标相符，行政方法通常有惩治和褒扬这两种。在具体的管理过程当中，针对能够认真遵守相关管理制度，思想行为与制定规范相符的个人与集体应该大力褒扬赞赏；对于违规违纪，思想行为不符合管理要求的个人与集体要给出限制措施，同时要启用严格的惩治制度。

（四）适当运用经济手段

经济手段实际上是补充行政方法的一个策略。在具体的高校教育管理环节，给予必要的物质奖励或者是物质上的惩罚指的就是经济手段。经济手段会直接触及管理者与被管理者的物质利益，能够发挥极大的作用，而这个作用是行政方法无法代替的，因此在选用经济手段开展高校教育管理工作时，应不仅关注经济手段的奖惩，更重视日常教育指导与行政管理。

第二章

高校教师与学生管理

第一节　高校教师管理模式的改进

教师管理制度改革事关高等教育的全局，涉及教育行政部门与政府间的关系，涉及社会保障体系的完善，更涉及高校的发展和教师个人的切身利益。同时，高校教师群体又具有明显区别于一般人力资源群体的特殊性，这要求我们在制度设计方面不能将企业的管理模式简单套用，而要根据教师群体的特点有针对性地进行设计。在改革中，我们应该以治理为模式，形成以教师为资源的人力资源管理理念，从政校关系、决策制度、聘任制度、考核制度和分配制度等方面重新设计教师资源管理体系，加强对教师队伍的培养和激励，促进对教师资源的有效利用，同时还要充分认识到校园文化在教师管理中的积极作用，建设具有独特风格的、和谐的校园文化。

一、重建政府与高校的关系

政府应从举办者、办学者、管理者三位一体的全能型身份中走出来，重点行使其督导职能和保障职能。政校分离，首要的一点是要将高校与行政级别相脱离，高校领导的任命应给予高校更大的自主权，由高校学术委员会选举产生，真正做到学术治校、学者治校，淡化高校领导身上的政治色彩，营造高校浓郁的学术氛围而非政治氛围。政校分离后，政府以及教育行政部门应重点做好高校的财政保障工作，应建立和完善财政制度，改革教育财政管理手段，从制度上保证高等教育发展所需要的稳定的资金支持，注重对资金分配和运用的科学管理，提高资金使用效率，同时，政府要充当中介和桥梁，扶持教育中介组织的建立和发展，推进各种捐款和捐赠制度的建立，加强企业和高校间的联系，广泛吸纳社会各界对高等教育的资金支持。

大力推进事业单位人事制度改革，要求必须建立有效的社会保障制度。没有科学、有效的社会保障制度，高校在发展过程中就不可能放开手脚，人员的合理流动就是一句空话。只有建立有效的社会保障制度，才能彻底解决高校人事制度改革中遇到的人事关系问题，才能使教师从“高校人”真正变为“社会人”。

二、高校管理者要树立“以人为本”的管理理念

“以人为本”不能是一句口号，要真正落到实处。高等教育教学是根本，教学中教师是核心。在高校的教师管理中，要牢固树立以人为中心的现代管理新理念，追求教师资源管理的人本性，提升教师的归属感，同时将教师资源开发提升到首要位置，使高校的人事工作着眼于人力资源的开发，致力于人才的合理、充分利用；要加强管理者现代管理理论的培训和提高，积极吸收管理学领域最新的科学研究成果，并将其运用到高校师资资源管理的实际中，做到人力资源管理方法的科学化、规范化、民主化以及管理体制的合法化和规范化；要营造尊师重教的良好氛围，始终坚持尊重教师的意愿，了解教师的需求，最大限度地激发教师的积极性和创造性，使教师的潜能得到最大限度发挥，实现高校教师管理过程中理性管理和人性化管理的有机结合；要将管理职能转化为服务职能，为教师提供良好的发展空间，为教师消除后顾之忧，营造科学的发展平台，提升教师对高校的满意度，实现教师的满意与高校的可持续健康发展的最佳结合。

人本管理最重要的一点就是要宽容，其有两方面的含义：一是对待教师要宽容，要细心发掘教师的优点，同时还要尊重教师个人的尊严、

自我价值和个人的需要，要宽容对待教师在性格方面的特性，要经常了解教师对高校工作的意见，让教师参与高校重大制度与改革措施的制定中；二是对待教师的学术观点要宽容，高校特别是各学科的学术带头人要能够容忍甚至提倡多种学术观点的并存，对个别教师提出的特异性观点不能直接予以否认，要营造高校“百花齐放、百家争鸣”的宽松的学术氛围。当然，宽容不是放纵，高校教师资源管理需要有效的规章制度来规范教师行为。在负强化的基础上，更应该利用正强化效应，帮助教师尤其是青年教师制定自身的发展目标，并在教师目标的实现过程中实施有效的激励，使教师实现自我再造，充分发掘自身潜能，为教师向更高层次发展和更高价值的自我实现提供可能。

教师资源的管理应尽可能地由学院进行，高校层面应主要负责宏观的督导与引导，其原因主要有以下三个方面。

第一，教师的管理权过分集中到高校手中，在很大程度上会造成教师和高校的对立，使教师对高校的管理措施产生抵触思想。高校科层制的组织结构容易使高校的管理措施在实施过程中效率较低，是造成高校行政失灵的主要因素。按照治理理论的观点，对人力资源的管理应调动全方位的力量，特别要发挥学院在教师资源管理中的作用。

第二，学院是高校学科建设和发展的主要承担者，更了解学科建设中对教师资源的需求，而根据发展目标进行有针对性的管理是现代人力资源管理理论的应有之义。

第三，学院更了解教师在个人发展中的需求，在管理中更能体现对教师的人文关怀。

三、高校要实行真正的教师聘用制

（一）科学设置岗位，下放岗位聘任权限

这包括两层含义：一是要根据高校的岗位总数以及各教学单位承担的教学任务情况，科学测定各单位编制；二是将岗位分成关键岗位和一般岗位，关键岗位由高校聘任，一般岗位则根据各单位编制情况，综合

考虑学科发展等因素，合理地分配到各个单位，由各单位自行聘任。

（二）合理设置任期

任期设置的合理与否，将直接决定聘任制推行的成败，任期过长，则起不到聘任制应有的激励作用；任期过短，一方面会增加教师担心失业的心理负担，另一方面会使功利性的研究活动增加，违背科学发展规律，不利于教师从事科研活动的独立性和从事长期的基础性研究。同时，具备条件的高校应实行低职称教师在一定年度内的非升即走制度，在聘任到期后，如果未通过专门委员会对其进行的教学效果、科研能力以及学术水平的考核，就必须离开高校，这将极大地促进年轻教师勤奋上进，不断提高专业水平和敬业精神，还将对人才的流动和学术的交流起到积极促进作用。与此同时，还可以在特定的群体内尝试终身教授制，对那些对高校发展做出突出贡献，在高校的学科建设和教师梯队建设中举足轻重的、在国内外有着极高影响力的知名学者授予教授终身制，使他们能够安心从事研究工作，特别是一些科研周期长、工作量大的基础性研究工作，将有利于对学科内的教师梯队建设起到传、帮、带的作用。需要指出的是，教授终身制在实行过程中人数不能过多，必须坚持宁缺毋滥的原则，其最终授予权应掌握在代表高校最高学术水平的校学术委员会手中，以防止权力滥用。

（三）完善聘任程序

要制定规范的聘任办法，并且在办法的制定中广泛征求教师意见，让教师积极参与聘任制度的制定中。在聘任程序上应公开、公正、公平，坚决杜绝人为操作。对于高校关键岗位的聘任，应面向全社会公开，必要时要聘请国内其他高校的同行专家对申请人进行鉴定，考核过程和结果也都要进行公示。同时还要建立教师申诉制度，如果教师对聘任结果有异议，可以到指定的申诉部门申诉，申诉部门必须受理教师的异议投诉，并在规定的时间内予以答复。

（四）要与政府职能部门一起做好未聘教师的生活保障工作

特别是在推行聘用制改革的初期，除了政府职能部门要做好未聘教

师的社会保障外，高校也应在能力范围内，为教师再就业创造条件，保证教师队伍的稳定。在聘任制的推行过程中，教师身份的转变是重点也是难点，只有改变教师对高校的人身依附，完成从“高校人”到“社会人”的转变，建立高校与教师间真正的契约关系，聘任制才有可能真正实行。

四、完善教师绩效考核评价体系，建立科学的教师工作量核算模型

（一）完善教师绩效考核评价体系

1. 对教师进行绩效考核的原则

要从教学和科研两方面综合平衡考核，不能厚此薄彼。在高校的日常管理中，很容易出现重科研、轻教学的现象，这一现象又容易导致一线教师教学兴趣的丧失，从而把主要精力放到科研上，无心进行教学以及教学法的研究，致使教学质量下降。由于对科研考核的重视，反而使科研成果日益大众化，学术价值大打折扣，同时由于教师争相进行科学研究，导致科研经费的收益下降，进行高校教师管理模式研究的规模变小。

2. 考核过程要公开、公正、公平

公开原则是指对教师的考核过程、考核标准以及考核结果要公开，不能搞暗箱操作，不能人为干预；公正原则是要求考核者在考核过程中要实事求是，考核者应在教师中有威信，有较高的学术地位，教学效果的公认程度高；公平原则是指应综合考核教师，不能因某一点原因就全盘否定教师的所有努力，还要给教师申诉的权利和机会。

3. 要做好考核结果的反馈和利用

考核结果要及时反馈给教师，没有反馈的考核是没有任何意义的，同时，对考核结果应有所说明，否则考核就只是一句空话，没有任何实际意义。

4. 考核应采用量化指标，又不能绝对量化

量化的指标可以更明确地评价教师的教学和科研工作，它不像描述性评价一样容易掺杂个人主观因素，量化的考核也可以通过调整权重等方法使评价更加科学。但在设计量化指标的时候，要充分考虑质的方面的因素，不能单单考虑授课学时、发表论文数量等，否则容易使教师产生对量的追求，而忽视对质的追求。

（二）工作量定额

一般来说，高校教师工作量包括教学工作量和科研工作量两部分。高校对科研成果的认定以科研与教学之间不可换算而形式各异。按照教育部规定，教师科研工作量、指导学生以及论文等工作量的总和应占教师总工作量的三分之一，占教学工作量的二分之一。

（三）工作量核算

在工作量的核算上，大体可以分为两种方法：一是教学与科研单独核算；二是将教学工作量和科研工作量分别量化，赋予一定分值后加总，然后根据总分对教师的工作总量进行排序。这两种统计方法都有各自的缺点：第一种不易于管理者掌握教师的工作总量；第二种方法中，教学与科研是两个不同性质的量，直接相加不能准确反映教师的实际贡献，与实际也有较大误差，而且适用范围十分有限，只能在同一类课程或专业内进行比较、排序。因此，大多数高校倾向教学工作量与科研工作量分别核算。

1. 教学工作量的核算

教学工作量不应仅仅是教学授课工作量与班级系数简单的加乘计算，还应考虑到质的因素。同样讲授一门课程，有的教师讲课认真、备课充分，教学方法深受学生们欢迎，教学效果好，而有的教师则可能要差许多，如果按同样系数计算工作量，则教学好的教师就会心理失衡，应该将教师的教学效果计算到教师的工作量中。

2. 科研工作量的核算

科研对于教师来说，能够使自己与自己学科领域的新进展保持一

致，从而进行高质量的教学，学术研究的过程和结果往往能改变教学的内容和方法，因此，高校教师必须从事一定的科学研究。但就工作量的核算来说，由于科研成果的学术性价值难以评估，从而给核算工作带来了很大的困难。在核算科研工作量时，只能根据教师科研成果的类型以及级别进行核算。科研工作量主要包括发表论文、承担课题、出版学术专著。很多高校将教材视为科研成果的一部分，而在实际工作中，绝大部分的教材反映不出作者的学术思想和学术水平，它更侧重衡量教师对专业知识的掌握程度，缺乏对专业领域新现象和新问题的探究，其学术价值不大，更应成为教师教学活动的一部分，建议在教学工作量中予以核算。在科研工作量的核算上，要给予那些从事周期长的基础性研究的教师一些特殊政策，而如果经学术委员会认定，某教师的科研活动有较高的学术价值，可以在成果出来之前，按阶段认定该教师的科研工作量，并在研究成果出来后，根据实际情况核算其科研工作量。

（四）加强师资队伍建设，实施有效的激励机制

根据高校以及学科的发展需要，有针对性地对教师进行培养，同时建立有效的激励机制，调动教师在工作中的主动性与创造性，这是对高校教师按照现代人力资源管理模式进行管理的重要特征。

1. 师资队伍建设的基本措施

在师资队伍建设中，应在建设规划、人才引进和教师培养等方面制定行之有效的措施，特别要注意以下几点。

第一，教师队伍建设要着眼全局，要有前瞻性。教师队伍的培养首先应有全校性的指导性培养方案。全校的培养方案应是高校管理者根据高校师资队伍的现状，包括教师队伍的年龄结构、学历结构、学员结构以及学科间的数量结构，制定出本校的教师队伍建设规划。各学院应根据本部门的师资队伍状况、教师个人的发展潜力和发展需求情况，以及学科的发展需求制定详细的师资队伍培养规划。学院的培养规划要从学科建设的需要出发，要有前瞻性，同时还要充分考虑到教师的个人发展的需要。对教师的培养既要加强对精英人才的培养，培养出学科的学术

带头人；也要加强对中坚力量的培养，这是高校教学的主干力量；更要加强对青年教师的培养，建立起一支老中青结合、结构合理的教师梯队。

第二，要做好人才引进工作。在高校的师资队伍建设中，人才引进对充实教师队伍，完善知识结构，活跃科研氛围起着重要作用，而且，人才引进政策起效快，对学科建设的作用明显，往往成为管理者首选的建设措施。但应注意的是，人才引进政策虽然容易出成绩，但副作用同样明显。由于给予引进的人才极高的待遇，使其他的优秀人才产生心理落差，挫伤了他们的工作积极性，最终造成人才流失；各高校纷纷用高薪吸引人才，虽然在客观上促进了人员流动，但增加了高校的办学成本；容易引进的人才稳定性差，特别是频繁在高校间流动的人才，往往不能对高校的学科建设起到应有作用。鉴于此，在制定引进人才政策的时候，要根据公平理论，对给予引进人才的待遇进行恰当设计。引进的人才必须对学科建设起到积极而有效的推动作用，要人有所值，而且要给予本校内同等层次人才相同的待遇，以免打击其积极性，造成优秀人才外流。

2. 建立科学的激励机制

根据斯金纳的强化理论，人的行为是否重复发生，与该行为发生后给予的强化有关。如果行为发生后产生了令人满意的效果，则这一行为最有可能重复发生；反之，行为发生后产生了令人不满的结果，那么这一行为将不太可能重复发生。同时，他不赞成使用负强化，认为会产生不愉快的影响，而且当行为不被强化时，便倾向逐渐消失。根据赫茨伯格的“双因素”理论，保健因素不加以改善，员工一定会产生不满，但改善后也仅仅是消除了不满，无法使员工产生满意感；而激励因素不加以改善不会使员工产生不满，但改善后一定会使员工产生满意感。人力资源管理学提出，从“以物为本”向“以人为本”的价值观转向，使有效激励成为管理工作的核心。高校教师作为一个特殊群体，是高校办学的主体，是实现办学目标的主导力量，这就向高校管理者提出了更高的

要求。如何充分调动高校现有教师的内在动力因素，把教师作为实现目标的主导力量落实在工作的各个环节上，提高教师的教学水平、科研水平、创新能力以及为人师表的自觉性，是高校教师管理中的主要内容。科学的激励机制应根据受众的不同特点采取不同的措施。根据高校教师群体的特征，高校教师的激励措施应遵循以下原则。

第一，激励措施应将物质鼓励和精神鼓励结合起来。高校教师群体在个人的需求上对高层次的需求明显高于其他人群，注重精神激励会起到良好的效果。

第二，激励过程要注重公平性原则。根据公平理论，不公平会使人的心理产生紧张和不安，对人的行为动机有很大影响。当个人认为自己受到了不公平的对待，就会产生不满和消极行为。每个人都是用主观的思维来判断自己是否受到了公平的对待，在某种程度上，对奖励的相对值比绝对值更加重视。

第三，激励要注重时效性。奖励的时效对奖励的激励效果有很大的影响，它包括两方面的含义：一是奖励时机的选择，应在令人满意的行为发生后立即予以奖励，亦即正强化，这样强化的效果才最好。二是奖励频率的选择，奖励不能太频繁，太频繁则使其容易形成习惯，起不到激励的作用；而频率太低则会降低教师的期望值，打消教师的积极性。一般来说，长期性的、较难完成的任务以及在工作满意度高的工作岗位，激励频率应小一些，但要让他们感到劳有所值；而经常性的、容易完成的工作和在工作比较艰苦的工作岗位，应经常进行激励。

第四，激励要适度。“中庸之道”是中国几千年文化的积淀，中庸要求我们做事时把握好度，而不是简单地折中。激励的大小要与高校的承受能力、劳动的价值相适应才能服众，才能起到良好的激励效果。激励太多，容易产生不劳而获的心理预期，产生不了工作的动力；激励太少，劳而无获，同样也产生不了积极的作用。

3. 有效的激励模式

第一，在薪酬制度设计上，要突出工作量对薪金总额的影响。过于平均的薪酬制度设计容易使教师在达到一定目标后产生惰性；如果在现有职级的基础上进行分化，同时拉开各级别间的薪金额度，可以使教师即使达到了某一级别仍有向上努力的空间。特别是教授岗位，因职称已经到顶，可以在那些距离带头人层次尚远的教师群体中设置教授的级别，只要达到了一定的教学工作量、教学效果以及科研工作量等，就可以拿到比未达到的教师高得多的薪金，这样设置的标准就成为一种导向。

第二，树立目标，激发教师的心理预期。这也是我们经常说的目标激励法。有关目标设定的研究表明，设定恰当的和富有挑战性的目标能够产生强烈的激励作用。目标太低，激发不了积极性；目标太高，由于实现无望也同样产生不了积极性。目标的设定应遵循的原则为：一是目标要有挑战性，要具有一定的难度；二是目标要有可实现性，设定的目标是教师经过自身的努力可以达到的；三是目标要具有量化指标，设定的目标不能是一个模糊的概念，要有数量和质量的指标进行表示，以便考核；四是目标应由教师参与制定，至少绝大多数教师都广泛参与其中；五是目标的制定要与高校的发展目标一致。高校要加强学科建设，提高教学质量，提升科研水平，改善教师结构，那么在教师的考核、酬金发放、职称评聘以及对教师的培养等方面都要恰当地提出对个人科研水平、教学质量以及知识结构、个人能力等方面的目标，这同时也发挥着一种导向作用，使个人目标得以实现，间接达到高校的目标。

第三，公平对待教师的劳动是最好的激励措施。这里所说的公平，不是平均主义，而是按劳分配上的公平。在日常的工作和生活中，我们总是会与其他人进行比较，从而产生公平感或不公平感，教师同样如此。教师在激励措施方面往往更看重横向比较，看其他人在付出同样多的劳动后得到的激励与自己获得的激励是否一致，而非仅仅是获得激励的绝对数量，而且，这种比较绝对的激励对教师来说更为重要。因此，不公平的激励在效果上甚至不如不激励。

第四，言必信，行必果，注重对激励措施的兑现，不能只说不做。

这包括两个方面的含义：一是在制定激励措施时，要充分考虑高校自身的承受能力，不能做出超过高校支付能力的承诺；二是做出的承诺就要兑现，即使当初的承诺已对高校的发展失去了意义，但在高校没有明确停止激励前，仍需要兑现，这样会使教师免除付出劳动却无法获得回报的后顾之忧。

第五，教师参与决策是对教师的最大激励。教师参与决策是治理理论在高校管理中的一种实际体现，也是发扬民主、满足教师受尊重和信任的需要，同时能增进决策者和教师间的了解，创造出相互信任的心理氛围，还能增加教师的满足感和归属感。教师参与高校政策的制定是高校合理、正确决策的必要条件，而合理、正确的决策本身就是对教师最好的激励措施。现代管理心理学认为，在一个团体中，经由民主讨论而做出的决策比由领导者独断专行做出的决策能更多地获得成员的关心和支持。教师参与决策，从实际行动上证明了教师是高校的主人，而不是旁观者。教师参与决策的方式有很多种，如教师代表大会、日常规定制定时的征求意见、经常性的沟通，以及成立各种以教师为主导的委员会负责专项事务的管理。教师参与决策，可以充分利用高校教师群体的高智力资源，有利于决策的科学性和合理性，还可以体现教师在高校的主人翁地位，使教师感到自身的利益和高校的利益息息相关，更有利于调动教师的积极性，使教师资源得到更充分的利用。

五、构造和谐氛围，形成独特的校园文化

校园文化是一种特殊的社会文化，是在特定的环境中创造出来的，与社会、时代密切相关又相对独立，有着鲜明校园特色的人文氛围、校园精神和环境。校园精神是校园文化的核心，是高校师生员工人生观和价值观的综合反映，是共同的理想、信念、追求，共同的行为规范和标准模式的综合体现。校园文化对教师的影响是看不见、摸不着的，也往往被管理者所忽视。现代的校园文化建设是现代人力资源管理理论与传统的人事管理制度之间的重要区别之一，校园文化建设对高校发展目标

的实现起着保障和促进作用，主要表现在：第一，校园文化可以有目的地引导、塑造高校内部成员的行为，增强教师行为的一贯性；第二，文化本身就是一种黏合剂，可以将不同个性、不同思维方式甚至不同价值观的教师黏合在一起，增强教师队伍的凝聚力；第三，校园文化使教师在思想上自觉地将自己与其他高校区别开来，从而对增强教师对高校的认同感和归属感起到积极促进作用；第四，校园文化使教师自觉地将自身利益与高校的总体利益联系在一起，将教师个人的发展目标与高校的总体目标联系在一起，教师与高校荣辱与共。

校园文化的形成非一朝一夕之功，而是在长期办学实践的基础上，经过历史的沉淀、自身的努力和外部环境的影响，逐步形成的一种特殊的社会文化形态。罗马不是一天建成的，但我们不能因此而忽视了对校园文化的建设，教师作为校园群体的一部分，应该积极地投入校园文化的建设过程中，为校园文化的发展做出努力。

校园文化建设的首要任务之一，就是传承高校的悠久历史。“以史为鉴，可以知兴替”，历史是我们最好的老师。从高校的发展历史中，我们可以总结出高校建校以来发展中的成功经验和失败教训，高校发展的荣辱兴衰，对培养教师的自豪感和归属感大有裨益。校园文化建设还要弘扬科学精神。科学精神是高校学者在长期的研究活动中形成的价值观和行为规范，是他们人格和精神气质中的精华，有着深刻的思想内涵和极强的思想文化教育功能。科学精神就是创新精神，没有创新，科学将失去生命力。在高校中弘扬科学精神，有利于教师树立正确的世界观、人生观和价值观，有利于掌握科学的学习方法和研究方法，有利于教师深入地开展科学研究，提高教学质量和学术水平。

加强校园文化建设，不仅要给教师提供学术自由的发展空间，更要充分调动教师参与高校建设的积极性，为高校的发展献计献策。只要全校教师都投入高校的建设中，关心高校的发展，从各自的角度对高校政策的制定进行客观评价，我们就能在发展的道路上少走弯路，这样才能更快、更好地实现高校的发展目标。

加强校园文化建设，要建立和谐的人际关系，要创造良好的校园文化氛围，让教师能集中精力搞好科研和教学，使教师能体验到自身存在的价值，使其被尊重、被关心、被爱护的需要得到满足。构建良好的校园文化氛围能维持并增进教师的心理健康，保证教师群体间的团结与合作。主要措施有：第一，改进领导作风，改善干群关系。领导者和管理者要平易近人，遇事多与教师进行沟通，在工作上要协调一致；第二，高校应尊重教师在学术上的不同意见，尽可能地为教师创造良好的工作环境，关心教师生活上的困难，解除教师的后顾之忧；第三，高校要为教师间的人际交往创造良好的条件，消除各种障碍因素；第四，高校要加强对教师队伍中师德高尚、学术造诣突出、教学质量优秀的教师的宣传，使全校形成一种重品德、重知识、重人才的良好风气，使人力资源管理主体与教师形成一种互惠互利、默契双赢的局面。

总之，我们要把良好的校园文化作为高校效益、质量、规模协调发展的关键因素，并围绕高校的办学目标合理规划，优化人才配置结构，更充分地发挥高校人力资源的效益。

六、确保高校教育经费的投入

根据我国高等教育法以及相关规定，国家建立了以财政拨款为主、其他多种渠道筹措高等教育经费为辅的体制，使高等教育事业的发展同经济、社会发展的水平相适应。国务院和省、自治区、直辖市人民政府应依照教育法的相关规定，保证国家举办的高等教育经费逐步增长，各级人民政府教育财政拨款的增长应当高于财政经常性收入的增长，并按在校生人数平均的教育费用逐步增长，保证教师工资和学生人均公用经费逐步增长，即“三个增长”。从目前的情况来看，中国有必要大力拓宽其他的融资渠道，比如发行教育公债，专款用于教育事业，特别是用于高等学校基本建设项目，使教育成本支出在若干年内分摊，这才是缓解高校大规模扩招、财政投入严重不足的一种现实而可行的政策。此外，还应该从税收、金融、物价等政策的角度给予高等教育更大的支持，相应地增加非财政性投资。高校要讲效率，要大力推进分配制度改革，推行“以岗定薪，优劳优酬”的薪酬制度。

第二节 高校教育师资管理体系及方法

一、高校师资管理体系

管理方法是管理的重要手段，管理方法的科学与否直接影响着管理的成效。高校师资队伍主要是进行“知识”的相关工作，要对高校师资队伍进行管理，必须抓住“知识”本质。

（一）高校师资队伍管理的目标

1. 以建设一流师资队伍为关键目标

高校是培养高级专门人才的学府，教师队伍是高校教学、科研活动的主体，要办好高校教育事业就必须依靠广大教师开展教学、科研工作。因此，在高等教育中，首要的条件是必须建立一支高水平、高质量的教师队伍。因为教师的工作直接关系到教育目标的实现，也直接关系到教育任务的落实。教师的知识传播是学生智育能力形成的主要渠道，它的作用超过了其他任何形式的教育。教师在思想品德、工作作风、认识问题、分析问题能力等方面直接感染着学生，塑造着学生，对学生的世界观、人生观和价值观的形成有着重要影响。教师的知识创新能力关系到创新人才培养的质量和国家的科技竞争力。

一流师资队伍是培养一流人才的根本保证，在高校的建设与管理工作中，必须以建设一流师资队伍为关键目标。尤其是重点大学，应形成一流的学术梯队、集聚一流的科研力量。国内外一流大学的形成和发展史表明，师资是高校最重要的办学资源，是其一流地位赖以建立、维持、巩固的基础和关键。师资水平在很大程度上反映着高校的水平，只有建设一流水平的师资队伍才能建设高水平的大学。因此，国内外有远

见的教育家和世界一流大学都把建设一流的师资队伍作为办学的第一要务。

2. 以造就一流大师为师资队伍建设的必要目标

没有一流的大师级优秀教师，就称不上一支一流的教师队伍。因此，高校在师资队伍建设上，必须以培养、造就或聘请一流的大师级优秀人才充当带头人为师资队伍建设的必要目标。

3. 以形成合理的师资结构为重要目标

师资结构合理与否影响着高校师资队伍建设的水平。因此，高校应认真制定师资结构目标，建立与维持一支拥有良好结构状态和充满内在活力的高水平专兼职教师队伍，对教师队伍的学历、职称、学缘、年龄、知识与能级等结构进行适时的、必要的调整，不断加强和改善对高校人力资源的管理，建设一支数量适当、结构合理、业务精良、高效精干的教师队伍。

（二）高校师资队伍管理的途径

1. 建立培养、造就、吸引优秀教师的正确途径

优秀教师是高校的“根”和“本”，高校必须高度重视教师队伍建设，建立一条或多条培养、造就和吸引优秀教师的正确途径。然而，培养、发现、选拔、造就和吸引优秀教师不能单纯靠少数“伯乐”慧眼识人才的传统方式，而要靠制度、靠机制，因此要有一系列集体培养人才，公平竞争淘汰，择优、选优、用优的制度。高校应采取超常规办法，制定吸引优秀人才的政策，建立一条或多条吸引优秀人才的绿色通道，面向国内外多方吸纳优秀教师。同时必须与考核评价相结合，必须与本校的学科建设和专业建设相结合，避免人才闲置和人才资源浪费。各高校要克服“近亲繁殖”的弊端，尽可能从其他高校，尤其是其他重点高校选拔优秀人才充实教师队伍。青年教师上岗前要进行真正意义上的严格岗前培训，上岗后要进行岗位练兵、在岗进修、轮岗全职学习等继续培养工作，要通过严格的考核、选拔，从中发现和培养、造就一批优秀教师。

2. 建立人才合理流动和教育资源重组的新渠道

各高校在对骨干教师采取稳定措施的同时，应建立一条或多条有利于人才合理流动和教育资源重组的新渠道，使高校教师能进能出，有进有出，合理流动。

实行聘任制是任用教师、管理教师的一种有效手段和形式，是高校人才流动的基础和前提。高校应从实际出发，根据学科建设以及教学、科研任务的需要，科学合理地设置教学、科研、管理等各级各类岗位，明确岗位职责、任职条件、权利义务和聘任期限，按照规定程序对各级各类岗位实行公开招聘、平等竞争和择优聘用。通过签订聘用（聘任）合同，确立受法律保护的人事关系。招聘范围要有国际视野，除聘用本校教师外，还可以通过研究生兼任助教，返聘高级专家、学者以及面向国内外高校、企业和科研机构等社会部门招聘优秀人才担任专职或兼职教师等途径，拓宽教师来源渠道，实行开放式的教师管理办法。全面真正地实行聘任制，还有赖于对教师职务晋升办法的彻底改革。

（三）高校师资队伍管理的方法

1. 优化师资队伍结构、提高队伍整体素质的系统方法

在知识经济时代，知识更新速度显著加快，每位教师都面临着知识更新和不断提高知识水平的问题。教师素质和水平提高的问题需要有好的途径，更需要有好的方法。

师资水平提高的主要方法有脱产进修提高法，进站（博士后流动站）工作提高法，在职自修提高法，国外留学访问提高法，社会实践提高法，实验室工作提高法，科研工作提高法和学术会议、学术交流提高法等。教师整体素质的提高应该是系统方法的综合运用，而不能仅仅依赖一两种方法。

以信息技术为背景的现代教育技术改变了教育的组织形式和方法，也改变了学生的学习方式与方法，使获取信息的渠道更加多元化。在这样的条件下，高校教师必须实现工作角色的转变与素质的系统提高。首先，要由教学型教师向研究型教师转变。在现代教育技术条件下，教师

必须不断学习、研究和应用现代技术。其次，要由信息资源的利用者向课程信息的设计者和开发者转变。教师不仅要传达普通教材上的知识信息，而且要学习和掌握多媒体技术和网络技术，为学生自主学习设计开发各种教学课件。最后，要由教学者向学者和学习者转变。教师只有先做学习者，不断地更新知识、观念和提高职业道德修养，以学习者的态度不断丰富自己，才能使自己具有知识渊博的学者风范，也才可能成为具有创造性、开拓性和较高研究能力的教学者。

2. 引进师资队伍管理的先进理念与现代方法

我国高校目前的师资管理水平、管理观念和管理方法有待提升。因此，应更新观念，树立“以教师为本，以专家教授为本中之本”的新理念，引进现代师资管理的科学理念与现代方法。变教师管理为知识管理，变人事管理为岗位管理，变档案管理为信息管理，变管理为建设，变控制为服务。同时，还要把国内外现代企业制度中先进的人力资源管理的方法加以借鉴，从考核、评聘到学术梯队建设与管理全部实行动态的、信息化的、科学的管理方法。改革和完善相关管理制度，使师资管理随意性减少。通过管理和服务，激励青年教师岗位成才；通过管理和服务，提高师资的整体素质与水平。

高校办学的根本目的是培养高素质创造型人才，而培养高素质创造型人才又要依靠学术精湛、治学严谨的优秀教师。在所有的教育资源中，优秀教师是最重要的资源。高校教育、科研体制的改革，人事管理制度的改革，必须有利于高素质创造型优秀人才的培养；有利于学科建设；有利于学科的交叉、融合、渗透和新兴学科的生长与发展；有利于科学技术的发展和学术水平、创造能力的不断提高；有利于高校资源的优化配置。总之，以教师为本，就是要充分调动和发挥全体教师的积极性，激发他们的创造性，为高校的改革、发展和提高做出贡献。

（四）高校师资队伍知识管理的任务

以往对教师知识的管理所关注的是易于被转变为话语、被记录下来的和以手册和教科书的方式等可以清晰表述的知识。将教师的知识管理仅仅理解为对高校的图书资料的整理归类，这不符合现代知识管理观的要求，也不符合教师知识的个体性特征对知识管理的要求。当今社会已进入知识社会，知识日益成为一个组织取得成功的核心推动力，在这样的背景下，组织所要面对的难题不再是怎样发现信息，而是如何管理信息，如何从众多的知识信息中清理出重要的知识，并创造性地加以利用。对高校师资队伍的管理，相当于对知识型组织的管理，所面对的知识管理问题特殊且复杂。

1. 重视对教师的理论性显性知识进行整理、分类和条理化

教师的理论性显性知识包括高校和教师个人的藏书、著述、资料、文件等“硬件”。这是教师知识管理的基本任务，也是教师知识管理其他任务的基础。

2. 实现对教师知识的有效获取和积累

教师知识的动态性要求教师必须不断地更新、充实自己的知识，这就使得高校必须帮助和支持教师更新和充实自身的知识，以实现教师对知识的有效获取和积累。教师既要重视对既存的理论性显性知识的接受性学习，又要从外界环境中摄取准确、及时、有效的信息，包括查阅最新出版的相关书刊资料和互联网上发布的最新消息等，然后把所得到的初级信息加以筛选、梳理，使之系统化、有序化。再结合自己在这方面已拥有的知识和经验做进一步分析，使新旧知识自然地结合在一起。同时更要注意在高校文化环境下，在教学、科研实践中，在与学生及其他教师的交流中，建构自己的信息知识体系。

3. 实现教师显性知识和隐性知识的转化，借以创造知识和实现知识的有效增值

教师知识管理的核心任务是促进教师的知识创新，通过知识创新扩充高校的知识积累，促进教师的专业发展和高校的发展。而高校知识创新的实质就是显性知识和隐性知识之间相互作用而形成的知识的转化及增值过程。显性知识和隐性知识可以通过四种方式转化：一是社会化，通过经验共享使个人的隐性知识转化为组织的隐性知识，使个体的隐性

知识得以在组织内交流和分享；二是外在化，通过对话和反思，将隐性知识转化为显性知识，将意念转化为实在；三是联合化，通过沟通、扩散以及系统化将分离的显性知识聚合为系统和更为复杂的显性知识；四是内化，个体通过学习和体悟使公共显性知识转化为个体隐性知识。教师知识管理中知识的创造和增值也正是通过这样的方式实现的。积极促进知识转化的进行，有效地实现高校知识的创造和增值，正是教师知识管理的核心任务。

4. 促进教师知识的有效交流和分享

知识是通过交流、结合而发展的，科学也总是在人类已经积累的知识基础上进一步发展的，这表明知识的生产需要跨时空的知识交流与结合。学生在学习显性知识的过程中发展了隐性知识，这表明显性知识与隐性知识的结合与交流产生了新的知识；在解决问题的过程中，科学技术知识与社会生产、生活知识的交流与结合导致了大量的产品与生产技术的发明，这表明显性知识与显性知识的交流与结合也促进了知识生产。总之，知识只有被人掌握，并且被人利用，才能产生新的知识。各种显性知识、隐性知识的交流与共享对知识生产十分重要。教师之间的共同协作是实现高校整体工作有效性的前提，而教师之间的知识交流与共享既是高校发展的前提，又是教师成长和学生成长的前提。

二、基于知识的高校师资管理新方法

（一）知识输入管理

高校师资队伍持续地进行知识更新，就需要进行知识输入管理。知识输入管理涉及如下方面。

1. 知识输入的目的

知识输入的目的是提高教师群体素质，促进师资队伍的知识更新。在大众化教育背景下，高校师资队伍本身是施教者的主体，在当今知识社会中，他们应该具有足够的知识，并且能够及时更新知识，否则将丧失施教者的作用，被淘汰出局。

知识输入管理的途径包括：第一，各类图书馆，它是收藏人类知识遗产的场所，是展示最新知识成果的场所，也是进行教师知识管理的重要场所；第二，信息技术的飞速发展和信息高速公路的建立，这使教师的知识储备和学习变得更为便捷、迅速；第三，各种形式的培训、学习和教师对自身教学实践的反思；第四，同事间的交流学习。

2. 知识输入的内容与方法

输入高校师资队伍中的知识既包括隐性知识，又包括显性知识。

隐性知识输入的第一种形式（也是主要形式）是引进人才。按照本单位学科布局和用人计划引进各层次人才，这些人才本身所具有的隐性知识自然就输入进高校师资队伍。隐性知识的引入，一方面要考虑各个学科的发展布局，另一方面必须考虑隐性知识本身的特点。隐性知识主要体现为无法明示化的个人所拥有的知识，具有不同隐性知识的人具有不同的能力，如科研能力、创新能力、分析能力、组织能力、解决问题能力、发现问题能力、实际动手能力等。因此，在引进人才时也需要把这些内容考虑进去，并且要尽量引进具有不同能力的人才，不能只引进一种或少量几种能力的人才，实现各种能力人才的合理布局。

隐性知识输入的第二种形式就是开拓外部知识库。高校可以通过各种合作形式访问外部知识库，如将现有教师派到其他教学、科研单位进行交流访问或进修培训，或者邀请一些专家、学者来本校交流访问、讲学或合作研究，增加教师的知识积累，提高教师的知识学习和更新能力。其中反思性学习是提高教师实践知识的重要方法，教师可以通过记反思笔记的形式，记录自己的教学心得和感悟，将教学实践与教学理论相互印证。反省实践与理论的差距或不一致的地方，或者对特定教育事件的处理做事后分析，不断提高自己的理论水平，借以发展更高层次的个人实践知识。

隐性知识输入的第三种形式是建立教师之间的协作学习机制。通过小组或团队的形式组织教师学习，在讨论、交流与协作的基础上，就某些教学事件进行共同探讨，以交流和共享彼此的观点，实现知识的共同

性学习。这一方法对扩大教师的知识面，提供教师对教育事件的相互交流和启发，提高和分享对实践性知识的认识和理解都具有重要的意义。教师知识管理应注重建立协作学习的机制，以促使教师间的互相学习，不断提高教师的实践知识水平，以达到促进教师专业发展和不断提高高校教学质量的目的。

显性知识的输入可以脱离人进行。一是高校图书馆应该订购一些前沿的期刊、报纸和图书等。二是对高校现有的图书资料进行分类整理，教师个人也可以建立个人图书档案，利用自己喜欢的信息分类方法对图书资料进行分类整理，以提高使用效率。三是建立教师个人的电子储存文件系统。教师个人可以利用计算机对自己搜集到的零散的资料信息进行整理归类，分期、分批地存放，建立起自己的个人知识管理系统，便于及时查找使用。

（二）知识传播管理

高校师资队伍的一大任务或者说一大社会功能是知识传播，可以说知识传播是高校师资队伍的首要任务。我们有必要对高校师资队伍的知识传播进行系统管理，推进知识传播的顺利进行，形成有序、稳定、及时和新颖的知识流，促进知识传播的有效利用，获得知识传播的最佳效果。在大众化教育环境下，这种知识传播的范围更广，传播的知识更加多样。对高校师资队伍知识传播进行管理，涉及如下几个方面。

1. 知识传播的主体

高校师资队伍是知识传播的主体，这个主体应该满足如下条件才能够更好地进行知识传播。

（1）数量上应该达到一定要求

数量方面主要考虑“生师比”指标，大众化教育下的生师比应该比精英教育下的大很多。我国的现状是生师比过大，已经大于其他实现大众化教育国家的生师比。这样很难保证教学质量，很多学生得不到很好的指导，无法获得应该得到的隐性知识和显性知识。

（2）质量上应该达到要求

高校教师只有具备基本的教师素质，才能教书育人。教师素质的提高主要包括两大方面：一是招聘教师时尽量选择素质高的人员；二是对在编教师进行在职培训。教师素质的高低决定着学生水平的高低，俗语讲“名师出高徒”，要想培养出高水平的人才，首先要提高教师的素质。

(3) 教师结构布局应该合理

高校教师的结构布局非常重要。实现高校教师结构的合理布局，主要包括如下几个方面。

第一，学科分布合理。高校所有的专业都有适量的教师，不存在有专业无教师的情况。

第二，职称结构合理。每个教研室都有比例适当的高级、中级、初级教师，分别承担不同的教学科研任务。

第三，年龄分布合理。不同年龄阶段的教师具有不同的特点，合理的团队建设应该每个年龄段都有一定数量的教师。

第四，能力结构合理。教师个人的特长与特点不同，有的善于教学，有的善于科研，不同能力的教师都应该具备，然后按照“扬其长、避其短”的原则合理分工。

(4) 专职和兼职相结合

一方面，高校师资队伍要保持一定的专职教师，这部分人员终身属于本单位。单位负责对这部分人员进行培养。他们是本单位的中坚力量。另一方面，高校师资队伍中还应该有一定数量的兼职教师，这是大众化教育下满足教师数量要求的通常做法。招聘部分兼职教师可以增加高校教师的数量，但不会过大增加高校的运营成本。此外，兼职教师往往会带来一些新的本校教师没有的知识或特征，便于提高专职教师的素质。兼职制度的存在也会促使专职教师更努力地工作，努力提高自身素质。

2. 知识传播的内容

高校中传播的知识主要是本高校所设置的各项课程，不同专业的具体课程内容不同。这些知识主要属于显性知识。另外教师传播给学生的知识还有隐性知识。要对知识传播的内容进行管理，主要应该考虑每个专业课程设置得是否合理，是否覆盖了这个专业所需要的基本的教学目

标，所使用的教材是否已更新，是否包括了最新的知识，各类知识间是否具备一定的联系，是否成体系。

在管理隐性知识的传播时，应该考虑学生与教师间的研讨时间、共同做项目时间、论文写作指导时间等。只有通过实际接触，才能进行最有效的隐性知识的传播。

3. 知识传播的对象

高校知识传播的对象主要是各类接受高等教育的学生，包括成人、专科生、本科生、硕士生和博士生。加强对各类学生的管理，能够很好地完成知识传播的任务。应该根据不同类型学生的特点进行管理，重点考虑学生如何才能够更好地学习知识。本科生、专科生、成人教育主要是使其掌握必要的专业知识，所以以显性知识教育为主，主要学习各类课程。针对这部分学生，应该主要从课程上进行管理，包括选学课程数量、考试成绩、上课次数等。硕士生和博士生教育主要是培养学生发现问题、分析问题和解决问题的能力，所以应该以隐性知识教育为主。除了指定的一些专业课程外，学生自己还要广泛地开展阅读和自学许多其他知识，这个过程就是培养自己的能力，形成自己的隐性知识的过程。

4. 知识传播的途径

知识从高校师资队伍这个主体传播到各类学生这个对象需要经过一定的途径。要管理好知识的传播，需要拓宽途径，并且要保证这些途径顺畅。主要的途径有两大类型：一是课堂教学，二是科学研究。要保证这两大途径顺畅才能够更好地进行知识传播。保障课堂教学顺畅主要应该考虑教室安排、时间安排以及其他条件的提供；保障科学研究的顺畅主要应该考虑科研环境、条件的提供。

另外，要拓宽知识传播的途径，针对显性知识，可以考虑多安排一些学术讲座、学术活动；针对隐性知识，可以考虑安排一些研究生和导师共同参加的活动，增加彼此之间的交流机会。

在大众化教育环境下，可以充分利用现代信息网络技术，采取网络化教学。通过网络传播知识是一种新的知识传播途径，但是这种方式主要传播的是显性知识，并且师生的活动教学很难实现。但是网络教学极大地扩展了知识传播的范围，适合大众化教育。

（三）知识创新管理

高校师资队伍的另一大任务是知识创新。高校师资队伍知识创新能力直接影响高校本身的综合实力。重点名校师资队伍的知识创新能力都很强，能够产生很多科研成果。一所高校要想提高档次，提升世界高校排名，必须提高师资队伍的知识创新能力，特别是自主创新能力，开发和拥有自主知识产权技术，加强对知识创新的管理。对高校师资队伍知识创新进行管理，涉及如下几个方面。

1. 知识创新的主体

高校师资队伍是知识创新的主体，要实现知识创新，高校师资队伍应该满足如下要求。

（1）保持一个稳定的科研团队

稳定的科研团队持续地在一个研究方向上进行科学研究，往往能够产生一系列有价值的新知识。流动的科研团队缺少知识积累，很难产生新知识。

（2）保持一个开放的科研团队

开放的科研团队能够接受新思想、新事物、新观念，这样才有可能产生新知识。封闭的科研团队无法接受新思想、新事物和新观念，所以也很难产生新知识。

（3）保持一个融洽的科研团队

融洽的科研团队中各个成员能够很好地配合工作，大家集思广益，相互促进，共同进行科学研究工作，这样才能增大知识创新的可能性。工作在一个关系融洽的工作环境中，人的心情舒畅，容易产生灵感，不会增加过多麻烦。

（4）保持一个交流的科研团队

交流的科研团队中的成员彼此之间可以进行学术沟通，大家经常一起讨论问题，共享自己的想法，给别人提出意见。实质性的交流增大了创新知识的可能。一个人的思想有时会局限在一定的范围内，在与别人进行谈论时往往能够受到启发，适当的交流能够促使新思想的产生，促

使新知识的产生。

2. 知识创新的范围

高校师资队伍能够在很多方面进行知识创新，例如：

从学科领域来看，最容易有创新的领域是各个学科前沿的研究领域。传统的、成熟的学科理论很难产生新知识，但是也有可能在应用层取得创新。

不同学科交叉领域容易有新知识产生。传统学科发展到一定程度，已经很成熟。不同学科研究问题、解决问题的思路、方法不同，在学科交叉部分能够应用两个学科的思想和方法，往往能够产生新的思想和新的知识。

知识创新的结果在显性知识方面体现为发表的各种学术观点、理论和方法等，这些创新成果可以显性化；在隐性知识方面体现在优秀人才的培养上，新的专家、学者的出现表明一定的、特殊的隐性知识产生了。

知识创新包括各种层次的知识创新。理论、方法、技术和应用层都会产生新的知识。

3. 增强自主创新能力

加强高校师资队伍知识创新管理，必须增强自主创新能力。增强自主创新能力是一项系统工程，应把原始创新、系统集成和“引进、消化、吸收、再创新”结合起来。

（1）以人为本，创建特色鲜明的专业培养计划与课程体系提高国家自主创新能力，有赖于大批创新拔尖人才。高校是培养人才的摇篮，要努力提高学生的创新精神和实践能力，为此，要把校内培养与校外培养相结合，遵循因材施教的原则，因人而异地制订教学计划、培养计划，让学生有学习的选择权。对尖子生要配备导师进行个别指导并创造条件促进他们更快、更好地成长。高等教育不能在育分上下功夫，而要在育能上下功夫，要着力培养学生学习能力、思维能力、创新能力。高校不应把学生关在课堂上、校园里培养，要积极探索和实施高校与企业、与社会联合培养大学生的模式。如引导、组织学生走向社会、走向企业，到社会、到企业中接触实践、接触课题。高年级学生、研究生应参加教师承担的课题或独立承担科研项目、攻关项目，应让他们到企业中、到实践中去选题，既发挥集体智慧在科技攻关、自主创新中的作用，又能从中得到锻炼，增强创新意识。大学生“挑战杯”即全国大学生课外学术科技作品竞赛，是培养创新人才的好途径。其特点是每个课题都来自实践，都是为了解决实际问题。这种模式应推广开来，在实践中既提高学生的创新能力，又能为自主创新做出贡献。

(2) 改革高校教师考核评价制度

高校教师有的擅长教学、有的擅长科研、有的擅长开发，三者兼有、二者兼有的教师也大有人在，但多数教师侧重面不同。因此，对教师的评价、职称评定的标准应多元化，任何一方面成绩突出的都可评高级职称。尤其要鼓励教师到企业、到市场去选择科研课题、技术改造项目，鼓励教师把科研成果延续下去，转化为产品、产业，把专利实施下去，转化为产品和产业。有些重大课题、重大攻关项目、科技开发项目并非在短期内能够完成，因此不能要求这些教师每年拿项目，每年出成果、出论文，相反，应从物质上、精神上鼓励他们坚持下去，不要急功近利，急于求成，这就必须制定新的教师考核评价制度。

(3) 创新师资队伍培养机制

建立一支高水平的教师队伍和高水平的学术创新团队，是提高创新能力的关键。高水平的师资队伍能为创新能力的提高提供强有力的人才支撑。当今世界，科学技术是综合国力竞争的决定性因素，自主创新是支撑一个国家崛起的筋骨。科技的灵魂在创新，科技的活力在改革，科技的根本在人才。要大力培养和积极引进人才，做到人才辈出。重视高校现有人才的培养，特别要重视培养中青年学术骨干。高校应建立长期稳定的人才培养机制，并努力为他们提供一个适宜的成长环境，强调尊重人才，人才自重，提倡竞争、和谐、有序、协作的学术氛围。

4. 知识创新在高校团队建设上的实践

为了出色地完成高等教育所肩负的重大历史使命，高等学校必须尽快培养和造就一批创新团队。通过创新团队的建设，高等学校可以在学

科建设、教学科研工作中组织起团结协作、创新能力强、学术水平高的科研突击队和教学团队，从而承担国家级重大科研项目，做出创新性的科研成果和出版高质量的教材，培养教师之间团结合作、奋发向上的优良氛围，凝聚队伍，培养一批有相当影响力的中青年学科带头人，使创新团队成为高校学科的支撑，成为重大项目的主要承担者、学术研究和科研成果的摇篮、培养人才的基地以及科研基地的使用和建设者。重视团队建设是进一步加强教师队伍建设、提高教学质量和研究水平的新举措。

通过多年建设，重点高校都形成了一大批可以承担重大科研项目、能做出标志性成果的创新协作团队，同时培养出了一批杰出的学术带头人和学术骨干，以及一定数量的具有国际水平的学科带头人和学术大师。

建立以绩效考核为核心的分配机制和以合同管理为特征的团队聘用机制。全面推行“以岗定薪、优劳优酬”的分配制度，对学科带头人实行在工资、津贴、奖励和福利待遇方面具有激励性的分配制度，积极探索来华工作和回国定居的专家的工资福利与社会保障制度，探索推动年薪制、协商工资制等多种工资制度；在“效益优先，兼顾公平；淡化身份，动态管理；在支持创新、鼓励冒尖”的原则基础上，逐步建立适应团队建设和发展的“基本工资＋岗位和任务津贴＋业绩和贡献奖励”基本模式，以公平与效率相结合的工资福利分配机制，充分调动团队中每个成员的工作积极性、主动性和创造性。

为了始终保持团队的生机活力，促进竞争、激励和流动，应当建立和不断完善科学全面合理的符合创新团队特点的教学科研综合考核评价体系，要由关注过程管理向重视目标管理转变，将频繁地注重量的考核向以质量评价为核心的聘期考核转变；将对包含学科带头人在内的个体的考核向团队整体效益和成果的考核转变；考核期限、方式和指标应当有利于具有原创性的高质量、高水平的学术成果和高新技术产生，要关注团队所探索出的学科新方向，所建立的具有创新意识和水平的学科队伍，要重视原创性成果以及所解决的基础理论和国民经济重大问题，应当注重建立一个宽松的环境和宽容的体制以保护创新。

探索一条有利于团队建设和发展的人事管理和资源及信息共享机制，鼓励和支持建立相关特区，赋予学科带头人（或其群体）在经费使用、人员聘用和聘任、薪酬确定等方面的自主权，克服现有校院系管理组织的弊端，打破影响组织团队的壁垒。现行的高校内部管理形态存在着影响团队建设的因素，要根据提出和承担重大科研项目、产生科技成果的需要，打破人才的单位所有制，淡化人才的行政隶属关系，反对学术机构行政化的做法，改变将人才固定到特定机构的做法，使高校内部的人力资源能够根据学科带头人组建团队的需要自由流动。鼓励高校按照培养优秀学科带头人，组织团队的需要积极推行内部组织形态的改革，通过系统的改革和资源的配置，催生一批跨学科、具有很强活力的学术团队。反对狭隘地理解学科建设的意义，拓宽学科建设的内涵，要将组织学术团队作为学科建设的最重要的内容和组织形态。鼓励团队自我发展，不断创新，创造一个开放的、民主的、自由的、高效的、灵活的团队自我管理体制，充分发挥团队的积极性和创造性，减少行政干预和不必要的行政管理。

建立创新团队的示范性工程，鼓励高校根据各自的情况在可能取得重要突破的方向配置资源，建设若干创新团队。教育部在若干涉及国民经济发展的领域，涉及重要基础理论、重大工程的领域，根据高校的团队建设情况，选拔具有较强组织程度、提出并申请重要研究项目的团队，在人员经费方面给予必要的支持。重点资助知识结构合理，跨学科，以特聘教授为首的学术团队。高校要根据自身的优势和特色，在可能取得重大突破的方向，积极组织队伍，重点配置资源，努力形成若干具有承担重大课题研究能力、可能产生具有较大影响力的成果，能够产生新的学科增长点、为基础理论和国民经济建设主战场解决重大问题的团队，并通过团队的建设培养一批学风优良、学术影响广泛和组织能力优秀的学科带头人和学术骨干。

创新团队是面向基础重大科学问题研究和面向应用的、急需解决重大技术问题研究的突击队，是创新性成果的源泉，是高层次人才培养的

基地，是新兴交叉学科的生长点。创新团队要聚集一批优秀的科技人才，努力营造学术讨论热烈充分、观点见解激烈交锋、创新人才相互学习、激发创造力和攻关力的良好“生态环境”。创新团队应当有明确的专业特长和学科带头人，并拥有数名教育背景、工作经历和研究领域各异的主要研究骨干。

创新团队的模式应当是宽泛和多层次的，既有在实践中自然产生的在纵向领域不断扩展或深入的团队，又有应前沿科学研究需要而产生的通过重新组合相互协作的在横向的跨学科的新兴领域开拓的团队；既可能是“学术带头人＋团队”，又可能是“若干学科带头人＋若干小团队”的组织模式。

（四）知识输出管理

高校师资队伍进行知识学习和生产的最终目的是知识输出，只有将知识输出到社会才能实现高校的社会功能。对知识输出进行管理需要考虑如下两个方面要素。

1. 知识输出的目的

高校师资队伍知识输出具有两大目的：第一，把高校师资队伍掌握的知识输出到社会，实现高校知识传播的社会功能；第二，将师资队伍产生的新知识进一步转化为社会生产力，实现新知识的价值，为社会做出直接的经济贡献。

2. 知识输出的内容与方法

高校师资队伍知识输出的内容主要包括如下两大方面：

一方面是将知识输出给不同专业的学生，当学生毕业到社会参加工作后就把知识进一步输出到社会。这方面内容与高校师资队伍的知识传播部分内容相似。这种知识输出是以“人”为载体进行的。因此，加强学生的校内学习，做好毕业学生的就业安置工作能够保证知识输出。

另一方面是将知识转化为社会生产力，实现知识的经济效益。高校管理的主要工作是建立产学研结合机制，促进新知识（主要是各种专利）的产业化。这方面的知识输出以“新知识”本身为对象，以产业化为目的，关注的是如何实现知识的价值。只有高校是无法完成这项任务的，所以需要构建产学研结合的机制，与其他公司团体合作分工完成。例如高校与企业联合建立高科技研究院，双方本着互惠互利、优势互补、共同发展的原则，采用全新的校企合作模式，企业的研发机构入驻校园，在高校建立“研究特区”，双方优势互补，强强联合，从而增强企业自主研发能力，提高企业技术创新能力和企业核心竞争力。

（五）自学习管理

高校师资队伍必须建立起自学习的机制。作为一个社会组织，要想良性发展，必须具有自学习能力。

1. 自学习的定义

高校师资队伍的自学习包括四部分的内容：内部显性知识输出、内部隐性知识输出、内部显性知识输入和内部隐性知识输入。这里的知识输入与输出都是在内部进行的，对高校师资队伍这个对象来说是自身的同一个活动，因此，我们把这些活动统称为“自学习”。把学习的含义进一步扩展，可以认为高校师资队伍这个群体自身形成的学习机制叫作自学习。这里研究的自学习管理主要针对狭义的概念。

2. 自学习的重要性

高校师资队伍作为一个知识源，必须具备自学习的能力，形成一种核心能力。高校本身要想具有自己的特点，就必须有这个核心的能力。自学习的机制建立起来后，如果运行良好，将会吸引很多高等人才加入，进一步推进整个师资队伍素质的提高，形成良性循环。如果没有建立起自学习机制，高校师资队伍只是一个松散的教师集合，本身没有知识增值，不能形成知识凝聚力，很难吸引人才，也很难留住有才华的教师。

3. 自学习的内容

高校师资队伍自学习的内容很多，主要可以从如下几方面考虑。

第一，自学习的知识不仅有显性知识，还有隐性知识。高校师资队伍产生的显性知识，可以以各种形式在内部传播，比如讲座、培训等。另外，难以显性化的，主要属于教师个人本身的隐性知识是很难进行传播的，只有通过长期的言传身教，才可以实现部分隐性知识在少数人之

间的传播。因此，在一个高校师资队伍中，大家工作、生活接触比较频繁，有很多的机会学习隐性知识。

第二，自学习的知识包括很多学科领域，只要是本高校师资队伍掌握的知识都可以进行内部培训、学习。不同专业方向的教师，为了提高自身素质，也可以学习一些其他学科专业的知识，这样对于交叉学科研究具有更重要的意义。

第三，自学习对于高校师资队伍自身虽然是一个活动，但具体到队伍内部，也需要进行细化分工。掌握了新知识（包括从外部输入的知识和团队自身创造出的新知识）的教师负责将这些新知识条理化，准备好培训材料或讲座报告。有学习新知识需要的教师应该安排好自己的时间，参加各种新知识传播活动。高校管理者应该掌握新知识提供的信息和学习者学习的信息，并且做好组织工作，提供一定的自学习平台。这样三方各自完成好自己的工作，自学习才能很好地进行。

4. 自学习的方法

高校师资队伍自学习的方法很多，针对不同的知识，可以采用不同的方法。

第一，常规的培训课程。对于一些需要长期培训的知识，应该采用这种方法。但必须安排好时间，因为教师一般都有自己的本职工作，他们常利用业余时间进行培训学习。要想达到预期的培训效果，必须保证足够的学习时间，还要采用灵活的教学方法。如果都是本校教师，在培训课上能够形成很好的课堂气氛，形成互动式教学。

第二，学术会议、讲座报告。如果其他教师参加了校外的国际会议或者高级讲座，回来后可以组织一两次汇报或讲座。在科研团队内部可以定期举行学术报告，进行小范围自学习。

第三，以科研团队方式进行科学研究。由于隐性知识在人与人接触中传播、学习的可能性很大，特别是科学研究能力很难用一两次报告就能够学习到，所以对于科学研究，应该以科研团队的方式进行，大家经常在一起工作、学习、交流，这样才能增加接触机会，促进隐性知识传播。通过科研团队方式可以形成一支能力很强的科研队伍，这种自学习方式直接、有效。

第三节　大学生教育管理的内涵与价值

一、大学生教育管理的内涵

（一）大学生教育管理的界定

管理就其字面意义而言，就是管辖、处理的意思，由于管理的涉及面极其广泛，所以人们往往按照某种需要、从某种角度来看待和谈论管理，因而，对管理也就形成了多种不同的解释。

综合各种观点，管理是在一定的社会组织中，人们通过决策、计划、组织和控制，有效地利用人力、物力、财力、时间和信息等各种资源，以达到预定目标的一种社会活动过程。

大学生教育管理是高等学校管理的一个重要组成部分，也是高等学校人才培养工作的一个重要环节。因此，大学生教育管理既具有管理的一般本质，又有其自身的特殊本质。这主要表现在以下三个方面。

第一，大学生教育管理是在高等学校这一特定的社会组织中进行的。任何管理活动总是在一定的社会组织中进行的。实际上，管理活动就来源于社会组织中协调组织成员的相互关系和个人活动的必要性。高等学校是系统培养专门人才的社会组织，大学生的教育和培养是其首要的和基本的任务。大学生教育管理也就是高等学校为实现这一任务而进行的特殊的管理活动。

第二，大学生教育管理的目的是实现高等学校的人才培养目标，促进大学生的全面发展。

管理总是有一定目的的，管理的目的就是要实现一定社会组织的某种预定目标。大学生教育管理作为高等学校人才培养工作的一个重要环

节，其目的就是要实现高等学校在人才培养方面的预定目标，促进大学生的全面发展，使之成为德智体美劳全面发展的社会主义事业的建设者和接班人。

第三，大学生教育管理的实质是要有效地利用学校的各种资源，为大学生的成长成才提供指导和服务。大学生教育管理的任务是要为大学生顺利完成学业、健康成长成才提供各个方面的指导和服务，包括对大学生行为和大学生群体的引导、为家庭经济困难学生提供的资助服务、为毕业生提供的就业服务等。因此，就需要通过科学的决策、计划、组织和控制，有效地利用学校的各种资源，包括人力、物力、财力、时间和信息等。

综上所述，所谓大学生教育管理也就是指高等学校为实现人才培养目标，促进大学生全面发展，通过决策、计划、组织和控制，有效地利用各种资源，为大学生成长成才提供各种指导和服务的社会活动过程。

（二）大学生教育管理的特点分析

大学生教育管理作为高等学校为实现人才培养目标而为大学生提供的引导与服务，有其自身显著的特点。

1. 突出的教育功能

大学生教育管理是高等学校人才培养工作的重要组成部分，因此，大学生教育管理既具有管理的属性，又具有教育的属性，有着突出的教育功能。

（1）大学生教育管理的目标服从和服务于大学生教育的目标

大学生是为了接受大学教育而跨进大学之门的，大学生教育管理则是高等学校为实现大学生教育目标，促进学生圆满完成大学学业而实施的特殊管理活动，因此，大学生教育管理的目标必然服从和服务于大学生教育的目标。

（2）教育方法在大学生教育管理方法体系中具有突出的作用

教育方法是包括大学生教育管理在内的现代管理活动中最经常、最广泛使用的一种基本手段。这是因为，一切管理活动都离不开人，而人是有思想的，人的活动总是由一定的思想意识支配的。正如恩格斯所说："推动人去从事活动的一切，都要通过人的头脑。"因此，任何管理活动都要坚持思想领先的原则，注意做好人的思想工作，通过影响人的思想去引导和制约人们的活动。而大学生教育管理作为大学生教育和培养工作系统中的一个重要组成部分，也就必然要更加注重运用教育的手段，以增强大学生管理的实效性。

（3）大学生教育管理过程同时也是教育大学生的过程

高等学校是教育和培养专门人才的场所，高等学校的一切工作都应当对学生起到良好的教育和影响作用。大学生教育管理过程中所贯彻的以人为本、民主法治、公正和谐的理念，所体现的从学校和学生的实际出发、遵循教育规律和管理规律、实事求是的科学精神，所采用的民主管理、依法管理、科学管理的方法等都会对学生起到潜移默化的影响。大学生教育管理过程中所实行的依据大学生成长成才的规律和要求制定的各项规章制度，都会对大学生起到思想导向、动机激励和行为规范的作用。大学生教育管理过程中管理人员的情感、态度和言行也会对大学生起到表率和示范作用。可见，大学生教育管理的过程同时也是教育学生的过程，并直接影响着大学生思想品德的形成与发展。

2. 鲜明的价值导向

大学生教育管理总是为一定社会培养人才提供服务的，大学生教育管理的目的、管理体制和管理形式总是受到社会的经济基础、政治制度和意识形态的制约。因此，大学生教育管理必然具有鲜明的价值导向，它总是贯穿并体现着一定社会的主导价值体系，并直接影响着大学生价值观的形成、变化与发展。具体地说，大学生教育管理的价值导向主要体现在以下几个方面。

（1）管理目标

目的性是人类实践活动的基本特征，而人的实践活动的目的，总是基于一定的需要和对实践对象的属性及其变化趋势的认识与判断，因而总是体现着一定的价值观念，大学生教育管理的目的同样如此。事实

上，大学生教育管理的目的以及作为其具体展开的整个目标体系，都是基于一定的价值观念确定和设计的，都贯穿和体现着一定的价值观念和价值追求，因而，大学生教育管理的价值导向不仅对管理者的管理行为和大学生的日常行为起着导向、激励和评价作用，而且会对大学生价值观的形成和发展起到重要的引导和促进作用。

同时，大学生教育管理是大学生教育的重要环节。为谁培养人，培养什么样的人始终是大学生教育的首要问题，当然也是大学生教育管理的首要问题。显然，对这个问题的解决必然鲜明地体现着一定的价值观念和价值追求。在我国现阶段，也就是要体现社会主义核心价值体系，体现实现中国特色社会主义的共同理想对人才培养的要求。因而，我国大学生教育管理的目标也必然要体现社会主义的价值导向。

（2）管理理念

大学生教育管理理念是大学生教育管理的指导思想，直接制约着大学生管理的原则和方法，而大学生教育管理理念也总是体现了社会的价值体系，并往往是社会的先进的价值观念在大学生教育管理中的贯彻和体现。在大学生教育管理中全面贯彻“以人为本”的理念，坚持做到“关心人、尊重人、依靠人、发展人、为了人”，必然会对学生正确认识人的价值，确立“以人为本”的价值观念产生积极影响。

（3）管理制度

科学而又严密的规章制度是大学生教育管理的基本手段，是大学生管理规范化、制度化和法治化的基本保证和主要标志。而管理规章制度总是人们在一定的价值观念指导和影响下制定出来的，总是体现着一定的价值导向，具体表现为要求大学生做什么，不做什么；鼓励和提倡做什么，反对和禁止做什么；奖励什么样的行为和表现，惩罚什么样的行为和表现等。大学生教育管理制度中的这些规定无不体现着鲜明的价值导向。

3. 复杂的系统工程

同任何管理活动一样，大学生教育管理也是一项系统工程，具有整体性、层次性、动态性和开放性。同时，大学生教育管理又有其特殊的复杂性，因而是一项十分复杂的系统工程。

（1）大学生教育管理的任务是复杂的

既要紧紧围绕大学生的中心任务，加强对学生学习行为和实践活动的管理和引导，又要切实为大学生的健康成长着想，加强对学生日常行为包括交往行为、消费行为、网络行为的管理和引导，及时发现、校正和妥善处理学生的异常行为；既要加强对大学生现实群体包括学生班级、学生党团组织、学生社团和学生生活园区的管理和引导，又要适应网络时代的新情况，加强对大学生以网络为平台形成的虚拟群体的管理和引导；既要对大学生在校园内的安全加强管理和引导，又要为大学生在校外的安全提供必要的指导和督促；既要做好面向全体学生的奖学金评定工作，以充分调动学生的学习积极性，又要做好面向家庭经济困难学生的资助工作，以帮助他们顺利完成学业；既要引导新生科学制定职业生涯规划，明确努力的具体目标，又要为毕业生提供就业、创业指导和服务，使学生能够在合适的岗位上施展自己的身手、实现自身的价值。总之，大学生教育管理渗透大学生专业学习和日常生活的各个方面，贯穿大学生培养工作的所有环节和全部过程，其任务是复杂而又艰巨的。

（2）大学生是具有明显差异和鲜明个性的

大学生教育管理的对象是大学生，而大学生则有着显著的差异和鲜明的个性。他们各有其特殊的精神世界和思想感情，有着不同的气质、性格、兴趣、爱好和习惯。即使是同一个年级、同一个专业、同一个班级的学生，由于他们每个人都有各自特殊的生活条件和生活经历，他们的思想行为也各有特点。同时，随着自主意识的增强，大学生普遍崇尚个性，追求个性的自由发展和完善。对同一学生而言，在成长变化不同的历史时期有着不同的特点。因此，大学生教育管理就不可能按照完全统一的要求、规格和程序来进行，而要善于根据大学生的个性特点因人制宜、因势利导，有针对性地开展工作，这就使大学生教育管理具有了

特殊的复杂性。

(3) 影响大学生成长的因素是复杂的

大学生教育管理的目的是要促进大学生的健康成长，而影响大学生成长的不仅有学校教育因素，还有外部环境因素。外部环境的构成因素是复杂的，现实世界中，所有与大学生的学习、生活、活动和交往有关的环境因素都会或多或少地对大学生的成长产生影响。其中，有社会的因素，也有自然的因素；有物质的因素，也有精神的因素；有经济的、政治的因素，也有文化的因素；有国际的、国内的因素，也有家庭的、学校周边社区的因素；有现实的因素，也有历史的因素。尤其是随着现代信息技术的迅猛发展，世界越来越紧密地联系在一起，大学生可以方便快捷地获取来自世界各地的信息，因而，影响大学生思想行为及其成长的环境因素也就更为广泛，更为复杂。

4. 显著的专业特色

大学生教育管理传统上是经验性的事务性工作，但由于大学生教育管理有其特殊的管理对象、特殊的内在规律和特有的方法体系，决定了必须形成大学生教育管理专业视角、使用专业方法、形成专业研究模式。所以，大学生工作管理是专业性很强的工作。

(1) 大学生教育管理有其特殊的管理对象

大学生教育管理的对象是大学生，而大学生有着区别于一般管理对象的显著特点。

第一，大学生是具有高度自觉能动性的人。大学生具有强烈的自主意识、突出的独立意向和较高的智力发展水平，崇尚独立思考，要求自主自治。在大学生管理过程中，大学生不仅仅是接受管理的对象，也是积极活动的主体，对于管理的要求和规章，对于管理者施加的指导和督促，他们总要经过自己的思考，做出自己的评价、选择和反应，更重要的是，他们还会主动积极地参与管理活动中，自觉地接受管理和实行自我管理。这就要求在大学生教育管理中必须着力激发和引导大学生的自觉能动性，使他们能够自觉地顺应大学生教育管理的目标和要求，主动接受管理，积极开展自我管理。

第二，大学生是正处于成长和发展关键时期的人。他们的心理日趋成熟但未完全成熟。这个时期，他们的智力迅速发展，情感日益丰富，自我意识显著增强，但又存在着诸如理智与情绪的矛盾、自我期望与自身能力的矛盾等心理矛盾。他们正处于思考、探索和选择之中，世界观、人生观和价值观正在形成，思想活动具有显著的独立性、敏感性、多变性、差异性和矛盾性。他们即将走上社会，正在做进入职场、全面参与社会劳动实践的最后准备。

可见，大学生有着既不同于少年儿童、又区别于成人的特点。同时，也正由于大学生还处于趋向成熟的过程之中，因而在他们身上又蕴藏着各个方面发展的极大的可能性，有着发展的巨大潜力。这就要求在大学生教育管理中要针对大学生的特点，切实加强并科学实施对大学生的指导和服务，以促进他们的健康成长，并使他们的身心获得最佳发展。

第三，大学生是以学习为主要任务，并在教师的指导下进行自主学习的人。大学生的主要职责是学习，大学生的学习是由教师指导的、按照一定的制度和规定有目的、有计划、有组织地进行的。同时，大学生可以按照学校的有关规定自主地选修课程，自主地支配大量的课外学习时间。因而，大学生的学习不仅需要掌握科学的学习方法，而且需要高度的学习自觉性和有效的自我管理。这就要求大学生管理紧紧围绕大学生的学习任务，切实加强对大学生学习行为的指导和管理。

（2）大学生教育管理有其特殊的内在规律

这是由大学生教育管理自身的特殊矛盾决定的。大学生教育管理的特殊矛盾就是社会基于对专门人才的需要而对大学生在行为方面的要求与大学生行为实际状况之间的矛盾。这一矛盾存在于一切大学生教育管理的活动之中，贯穿一切大学生教育管理过程的始终，决定着大学生教育管理的全局，它构成了大学生教育管理的基本矛盾，也是大学生教育管理区别于其他社会实践活动的特殊矛盾。大学生教育管理就是为解决

这一矛盾而专门进行的特殊社会实践活动。因此，大学生教育管理作为一种管理活动，固然要遵循管理的一般规律，但又有其区别于其他管理活动的特殊规律。这就需要对大学生教育管理的特殊规律，进行专门的探索和研究，大学生教育管理理论研究的任务就是要揭示大学生教育管理的特殊规律。

（3）大学生教育管理有其特有的方法体系

大学生教育管理所具有的特定的管理对象和特殊的管理规律决定了大学生教育管理有其特有的方法体系。由于大学生教育管理工作涉及面极其广泛，具有很强的综合性，因而需要掌握管理学、教育学、心理学、社会学等多方面的理论方法和技术。大学生教育管理的方法体系需要在系统掌握这些学科理论、方法和技术的基础上，针对大学生的特点，依据大学生教育管理的特殊规律和具体实际，把它们有机地结合起来加以综合运用，从而形成自己特有的方法体系。

（三）大学生教育管理的目标分析

大学生教育管理目标是一定时期内实施大学生教育管理活动所要达到的预期结果。大学生管理目标是大学生教育管理过程的指向、核心和归宿，规定着大学生教育管理的方向和任务，制约着大学生教育管理的手段和方法。科学地确定并正确地把握大学生教育管理的目标，是实施大学生教育管理的前提，是提高大学生教育管理效益的关键。

1. 确定大学生教育管理工作目标的依据

大学生教育管理工作目标作为大学生教育管理活动所要达到的预期结果，其形式是主观的，但它的确定是围绕高等学校的人才培养目标，依据社会发展的客观要求和大学生自身发展的客观需要而制定出来的。

高等学校的人才培养目标是确定大学生教育管理目标的直接依据。高等学校的人才培养工作是一个十分复杂的系统工程，大学生教育管理作为这一系统的重要组成部分，其目的就是要通过为大学生提供各种指导和服务，保证学校人才培养目标的实现。因此，大学生教育管理目标的确定也就必然要以高等学校的人才培养目标为依据。实际上，大学生教育管理目标也就是高等学校人才培养目标在大学生教育管理领域中的体现和具体化。

社会发展的客观要求是确定大学生教育管理目标的根本依据。这是因为高等学校的人才培养目标归根到底是由社会发展的客观要求决定的。同时，大学生发展的基本趋势和总体状况归根到底取决于社会发展的状况及其对人才素质的客观要求，而大学生教育管理的实质就是要引导和帮助大学生充分利用社会所提供的各种条件发展和完善自己，以适应社会发展的客观要求。全面建设社会主义现代化国家，实现中华民族伟大复兴，需要德智体美劳全面发展的专门人才，我国社会主义事业发展的这种客观要求是制定大学生教育管理目标的根本依据。

大学生自身发展的需要是确定大学生教育管理目标的重要依据。大学生教育管理目标的确定，在主要依据社会发展需要的同时，还应当兼顾大学生自身发展的需要。

首先，大学生是正处于发展之中的、具有鲜明个性的人。他们都有自己的思想感情、兴趣爱好和理想追求，都有丰富和发展自己的迫切需要。社会主义和共产主义的本质也就是要使人的个性得到充分、自由发展。因此，大学生教育管理的目标也就必然要体现大学生自身发展的需要。

其次，大学生既是管理的对象，又是能动的主体。大学生教育管理目标能否实现，关键就看它能否激发大学生自我管理的主动性和积极性。为此，大学生教育管理目标就必须体现大学生受教育者自身发展的需要。只有这样，外在的管理目标才能转化为大学生自身的内在追求，从而激励大学生自觉地开展自我管理，不断地奋发努力。

2. 大学生教育管理的目标体系

大学生教育管理目标按其地位和作用范围可以分为总目标和分目标。大学生管理的总目标是大学生教育管理的全部活动所要达到的预期结果，大学生教育管理的分目标则是各个领域、各种层次以及各个阶段的大学生教育管理活动分别所要达到的预期结果。总目标是分目标的基

本依据，分目标是总目标的分解和具体化；总目标调节和控制着分目标的执行，总目标的实现又有待各个分目标的实现。大学生管理的总目标和分目标相互联系、相互作用，构成了大学生教育管理的目标体系。

维护高等学校正常的教育教学秩序和生活秩序是大学生教育管理的直接目标，任何管理活动的直接目标或第一个目标都是建立和维护组织的正常秩序。事实上，管理活动的产生首先就是为了规范和协调人的行为，使组织的各项活动能够围绕组织的目标，按照一定的制度和规定有条不紊地进行。这就像一个乐队总要有一个指挥，而指挥的目的首先就是要使乐队全体成员的演奏都能够按照乐谱的规定和要求有序地进行。同样，大学生教育管理的直接目的也就是要引导、规范和调控大学生的行为，建立和维护高等学校正常的教育教学和生活秩序，以使学校的各项教育教学活动和学生的学习与生活能够有序地进行。

保障学生的身心健康是大学生教育管理的基本要求，身心健康包括生理健康和心理健康的有机统一。

生理健康是心理健康的物质基础，心理健康是生理健康的精神支柱。身心健康是人的全面发展的基础和内在要求。保障大学生的身心健康是培养社会合格人才的内在要求，是大学生自身成长成才的迫切需要。

随着社会经济的发展，特别是涉及大学生切身利益的各项改革措施的实行，大学生面临的社会环境、家庭环境和学校环境日益纷繁复杂，面临的学习、就业、经济和情感等方面的压力越来越大，因此，加强大学生教育管理为大学生的学习、就业和日常生活提供了必要的指导和服务，保障大学生的身心健康也就具有尤为重要的意义。

促进学生德智体美劳全面发展是大学生教育管理的根本目标。培养全面发展的人历来是具有远见卓识的教育家们追求的理想目标，马克思、恩格斯科学地揭示了人的全面发展的内涵和历史必然性，创立了关于人的全面发展的理论。培养德智体美劳全面发展的社会主义建设者和接班人是高等学校人才培养的目标。大学生教育管理作为高等学校人才培养体系的重要组成部分，当然要为实现这一目标服务，以促进学生德智体美劳全面发展为自身的根本目标。

大学生教育管理的分目标具有复杂多样性，主要有以下几种类型。

(1）按大学生教育管理的工作内容而确定的分项管理目标

大学生教育管理是一个复杂的系统工程，具有多方面的工作内容，包括大学生行为管理、大学生群体管理、大学生安全管理、大学生资助管理和大学生就业管理等。这就需要把大学生管理的总目标细分到各个具体工作领域之中，以形成各项管理工作的具体目标，从而通过各项具体目标的达成，以实现学生管理的总目标。具体来说，大学生行为管理的目标是引导大学生自觉践行大学生行为规范，养成良好的行为习惯；大学生群体管理的目标是引导大学生群体形成体现大学精神、积极向上的群体文化，开展丰富多彩、健康有益的群体活动，充分发挥对大学生成长成才的积极作用；大学生安全管理的目标是维护学校稳定，保障学生安全，建设平安校园；大学生资助管理的目标是为一些经济条件不足的大学生提供基本的经济保障，促进他们健康成长和顺利成才；大学生就业管理的目标是引导毕业生树立正确的就业观念，增强职场竞争能力，帮助他们顺利找到合适的职业岗位。

(2）按大学生培养过程的不同阶段而确定的阶段性管理目标

大学生的培养过程具有明显的阶段性，各个阶段具有各自的工作重点，而不同学习阶段的大学生也各有其自身的特点。这就需要依据大学生教育管理的总目标和大学生培养过程的内在规律性，科学地确定各个阶段大学生教育管理的具体目标，并使之环环相连、紧密衔接、循序渐进。就本科生管理而言，在一年级应注重引导学生实现角色转换，尽快适应大学的学习和生活。在二年级应注重引导学生依据社会需要确定自己的奋斗目标，对未来的职业生涯做出初步规划，全面提高自己的知识素养和能力，有目的地发展自己的兴趣和特长。在三年级应注重引导学生认识自身素质与社会需求的差距，抓紧时机，完善自己，提升自我。在四年级应注重引导学生客观全面地分析自身情况，为就业或深造做好

充分准备。

(3) 按大学生教育管理主体的具体分工而确定的具体工作目标

大学生教育管理目标的实现有待所有学生管理部门和全体学生管理工作者的共同努力。在大学生教育管理工作系统中，每一个部门、每一位管理者都有其特定的工作领域和工作职责。为了充分发挥所有部门和全体管理者的作用，并使他们紧密配合、形成合力，就要把大学生教育管理的总目标层层分解并落实到各个部门和各位管理者，形成部门和管理者的具体工作目标。如学生工作部（处）工作目标、学校团委工作目标、教务处学生管理工作目标、学生会工作目标、辅导员及班主任工作目标等，并使他们各司其职，相互配合，形成管理合力。只有这样，才能引导和协调学校中各个方面的力量，以保证大学生教育管理总目标的实现。

二、大学生教育管理的价值

（一）大学生教育管理价值释义

大学生教育管理的价值是指大学生教育管理对社会、高等学校和大学生所具有的作用和意义，也就是大学生教育管理的属性和功能对社会进步、高等学校发展和大学生成长、成才需要的满足。

大学生教育管理价值的客体是大学生教育管理本身。大学生教育管理具有对大学生的成长和发展、对高等学校实现教育目标、对培养社会合格人才发挥作用的属性与功能，正是大学生教育管理的这些属性和功能构成了大学生教育管理价值的基础。

大学生教育管理价值的主体是社会、高等学校和大学生。高等学校是大学生教育管理的实施者，高等学校之所以要实施大学生教育管理，就源于实现教育目标的需要，而大学生教育管理则具有能够满足这种需要的属性和功能，因此，高等学校也就成为大学生教育管理价值的主体。同时，高等学校的教育目标又是依据社会对专门人才的要求和大学生自身发展的需要制定的，因此，社会和大学生也都成为大学生管理的主体。大学生教育管理价值所体现的也就是大学生教育管理的属性和功能对社会、高等学校和大学生需要的满足关系。

（二）大学生教育管理价值的特点

1. 直接性与间接性

就其作用的形式而言，大学生教育管理对其价值主体的作用，有直接作用和间接作用。因而，大学生教育管理价值也就具有直接性和间接性的特点。大学生教育管理价值的直接性是指大学生教育管理能够不经过中介环节而直接作用于价值主体，以满足其一定的需要。一般说来，大学生教育管理对大学生的影响和作用往往是直接发生的。大学生教育管理价值的间接性是指大学生教育管理需要通过一定的中介环节而间接作用于价值主体，以满足其一定的需要。一般来说，大学生教育管理对社会的影响和作用往往是通过对大学生的影响和作用而间接地发生的。

2. 即时性与积累性

大学生教育管理价值的即时性是指大学生教育管理活动在短时间内就能够迅速达到目标，从而满足价值主体的某种需要。大学生教育管理价值的积累性是指大学生教育管理往往要经过一个相当长的过程，通过长期的工作积累，才能达到目标，从而满足价值主体的需要。

3. 受制性与扩展性

大学生教育管理价值的受制性是指大学生教育管理价值的实现要受到其他因素的影响。这是因为，大学生教育管理价值就是对大学生成长成才的作用和意义，而大学生的成长成才则还要受到高等学校内部其他因素和外部环境因素的影响。因而，大学生教育管理在大学生成长成才中作用的发挥也就必然要受到其他因素的制约。

大学生教育管理价值的扩展性是指大学生教育管理可以通过大学生的活动和影响对高等学校内部其他工作和外部环境因素发生作用，从而使自身价值得到扩展。

4. 系统性与开放性

大学生教育管理价值的系统性是指大学生教育管理的价值是一个由

多种维度、多种类型的内容构成的有机整体。按价值的主体，可分为社会价值、高校集体价值和个体价值。社会价值是大学生教育管理对社会运行和发展的作用和意义；高校集体价值是大学生教育管理对高等学校运行和发展的作用和意义；个人价值是大学生教育管理对大学生个体成长和发展的作用和意义。按价值存在的形态可分为理想价值和现实价值。理想价值是大学生教育管理价值的应有状态，即大学生教育管理所追求的最终价值；现实价值是大学生教育管理的实有状态，即在现实条件下已经实现或正在实现的价值。还可以按价值的性质分为正向价值和负向价值；按价值的大小分为高价值和低价值；等等。大学生教育管理价值就是由上述各种价值组成的系统。

大学生教育管理价值的开放性是指大学生教育管理的价值会随着价值主体的需要和大学生管理功能的变化、发展而变化、发展。随着社会的发展，大学生教育管理服务对象的需要在变化发展，这就必然会促使大学生教育管理的功能发生相应变化和发展，从而使大学生教育管理的价值得到增强和拓展。

（三）大学生教育管理的社会价值

大学生教育管理的社会价值是指大学生教育管理对社会运行与发展的作用和意义，即大学生教育管理的属性和功能对社会运行与发展需要的满足。在党的坚强领导下，全面贯彻党的教育方针，坚持马克思主义指导地位，坚持中国特色社会主义教育发展道路，坚持社会主义办学方向，培养德智体美劳全面发展的社会主义建设者和接班人。

1. 培养合格人才的重要手段

中国特色社会主义事业的发展需要数以亿计的高素质的劳动者、数以千万计的专门人才和一大批拔尖创新人才。高等学校是人才培养的重要基地，其中心任务就是要为中国特色社会主义建设培养合格的专门人才。而大学生教育管理则是高等学校人才培养工作的重要手段，在培养合格人才中发挥着不可或缺的重要作用。

（1）维护正常的教育教学秩序

高等学校的教育教学活动总是按照一定的制度和规章有目的、有计划、有组织地进行的，建立和维护正常的教育教学秩序是高等学校教育教学工作的内在要求和基本条件。这就需要有严格的、科学的管理，包括大学生教育管理。大学生教育管理是建立和维护正常的教育教学秩序的重要保证。

（2）激励、指导和保障学生的学习行为

高等学校教育教学的过程是教师与学生双向互动、“教”与“学”辩证统一的过程。其中，“教”是主导，“学”是关键。学习是大学生的主要任务，是大学生能否成为合格人才的关键，而大学生管理则对大学生的学习行为起着重要的激励、指导和保障作用。

（3）培养学生的思想品德

全面建设社会主义现代化国家所需要的合格人才，不仅要具备良好的专业知识和能力素养，还要具备良好的思想品德。培养大学生良好的思想品德，不仅需要深入细致的思想政治教育，还需要有效地进行管理。

2. 构建和谐社会的内在要求

实现社会和谐始终是人类孜孜以求的社会理想，也是中国共产党和中国人民不懈奋斗的重要目标。大学生教育管理作为对大学生这一特殊社会群体提供引导和服务的社会活动，在构建社会主义和谐社会中发挥着特有的重要作用，具有特殊的重要价值。

第一，大学生教育管理是维护社会稳定、实现社会安定有序的重要保证。切实加强大学生教育管理，正确引导大学生的社会活动和政治行为，妥善解决大学生在学习、生活、交往和就业中碰到的各种矛盾和问题，及时处理大学生中发生的各种突发事件，以保持高等学校的稳定，对维护社会稳定，实现社会安定有序具有特殊的重要意义。

第二，大学生教育管理是构建和谐校园的重要手段。高等学校是现代社会中不可或缺的重要社会组织，担负着培养人才、推进科技进步、传播先进文化的重要任务。构建和谐校园既是构建社会主义和谐社会题中应有之义，也是推进高等学校科学发展的内在要求。加强大学生教育管理，引导和组织大学生积极发挥在和谐校园建设中的主体作用是构建

和谐校园的重要保证。只有通过大学生教育管理，建立和维护学校正常的教育教学秩序和生活秩序，加强学生的安全教育和管理，保障学生的身心健康，有效地预防和妥善地处理学生中的突发事件，努力建设平安校园，才能使校园实现安定有序。也只有通过大学生教育管理，引导和督促学生自觉维护校园环境，节约使用水、电等各种资源，才能使校园成为人与自然和谐共处的生态校园。

第三，大学生教育管理是促进大学生集体和谐发展的重要手段。大学生集体的和谐发展不仅直接关系着大学生个体的健康成长和全面发展，也直接关系着高等学校的和谐稳定和科学发展。大学生教育管理内在地包含着对大学生集体的管理，因而在促进大学生集体和谐发展中具有十分重要的作用。

（四）大学生教育管理的个体价值

大学生教育管理的个体价值是指大学生教育管理对大学生个体成长与发展的作用和意义，即大学生教育管理的属性和功能对大学生个体成长与发展需要的满足，主要体现在以下三个方面。

1. 引导方向

第一，引导价值取向。价值取向是指人们基于自己的价值观在面对或处理各种矛盾、冲突、关系时所持的基本价值立场、价值态度以及所表现出来的基本价值倾向。价值取向决定和支配着人的价值选择，制约着人们思想和行为的方向。因此，引导大学生掌握社会主义核心价值体系，坚持正确的价值取向，有着尤为重要的意义。如前所说，鲜明的价值导向是大学生教育管理的一个显著特点。大学生管理通过坚持和贯彻体现社会主义核心价值体系的管理理念，制定和执行以培养社会主义建设合格人才为根本宗旨的管理目标体系和管理规章制度，对大学生的价值取向发挥重要的引导作用。

第二，引导业务发展方向。引导大学生制定出既符合社会需要、又符合自身实际的奋斗目标，明确业务发展的方向，可以督促他们把自己的主要精力和时间投入实现既定目标的业务学习和实践活动之中，从而促进他们早日成才。大学生管理在引导大学生业务发展方向方面的作用集中表现在：通过对学生学习活动的指导，引导学生根据相关专业的要求和自己的兴趣爱好，确定专业学习的目标，从而明确在专业学习方面努力的方向；通过对大学生职业生涯规划的指导，引导学生根据社会需求、职业发展的趋势和自身的主观条件与愿望，确定自己的职业理想，从而明确自己职业生涯发展的方向。

2. 规范行为

大学生教育管理的一项重要任务就是要科学制定和严格执行各项管理规章制度和纪律，以规范大学生的行为，促进其形成文明的行为方式和良好的行为习惯。大学生管理在规范大学生行为方面的作用主要是通过以下三种路径实现的。

第一，加强制度建设。制度建设是大学生教育管理的重要内容。大学生教育管理中的制度建设就是要依据社会发展要求、人才培养目标和大学生健康成长与发展的需要，科学制定和不断完善各项规章制度，使大学生明确应该做什么、不应该做什么，应该怎么做、不应该怎么做，并引导和督促大学生以此规范自己的行为，逐步形成文明的行为方式。

第二，严格纪律约束。纪律是一定的社会组织为实现组织目标而要求其全体成员必须共同遵守并赋予组织强制力的行为规范。它是建立正常秩序、维系组织成员共同生活的重要手段，是完成各项任务、实现组织目标的重要保证，因而成为大学生教育管理中不可或缺的重要手段。在大学生教育管理中，通过严格执行学习、考试、科研、集体活动、校园生活、安全保卫等各个方面的纪律，以约束和调整学生的行为，并对违纪行为及时做出恰当的处罚可以有效地引导和规范学生的行为，促进其良好行为习惯的养成。

第三，引导自我管理。自我管理是大学生教育管理的重要路径。自我管理的一项重要内容就是要启发学生的自觉性和主动性，引导学生自觉遵守管理制度，主动地用体现社会要求的大学生行为准则规范自身行为，实行自我约束和自我监督。这种自我约束和自我监督既表现在大学

生个体的自我管理中，也体现在大学生群体的自我管理中。在大学生班级、寝室、社团等群体的管理中，充分发挥学生的主体作用，引导学生在民主讨论的基础上，形成全体成员共同遵守的规章制度，并相互监督执行，不仅有助于营造良好的群体氛围、实现群体的目标，而且有助于提高全体成员规范和约束自己行为的自觉性。

3. 开发潜能

人的潜能是指人所具有的有待开发、发掘的处于潜伏状态的能力。它包括人的生理潜能、智力潜能和心理潜能。人的潜能是人的现实活动力量的潜伏状态和内在源泉，人的能力的发展，在一定的意义上，也就是开发潜能使之转化为现实活动力量即显能的过程。人的潜能是巨大的，人的潜能的开发具有十分广阔的前景。大学生正处于成长和发展的关键时期，着力开发他们身上所蕴藏的丰富潜能，将他们内在的潜能转化为从事社会建设的实际能力和现实力量，是大学生培养工作的重要任务。大学生教育管理作为大学生培养工作的重要组成部分，在开发大学生内在潜能方面发挥着不可或缺的作用。大学生教育管理在开发大学生潜能方面的作用，主要是通过以下三种途径实现的。

第一，指导学习训练。学习和训练是开发潜能的基础。只有通过系统地学习和训练，掌握必要的知识和方法，才能使潜能得到正确的、有效的发挥。大学生管理通过对大学生的学习活动的管理和指导，引导大学生确立正确的学习目的，掌握科学的学习方法，不仅可以充分发掘大学生在学习方面的潜能，以提高他们的学习能力，而且可以促进大学生系统地掌握专业理论知识和方法，从而使他们在专业方面的潜能得到开发和发展。

第二，运用激励机制。激励是开发潜力的重要手段。通过激励可以充分调动人的主观能动性，打破安于现状的消极心态，振奋人的精神，转变人的态度，激发人的兴趣，调整人的行为模式，从而达到开发潜能的目的。而激励则是大学生管理的重要手段。大学生教育管理运用激励机制，通过引导学生明确努力方向和成才目标，奖励成绩优异、表现突出的学生，可以调动大学生的主动性和积极性，激发他们奋发向上的进取精神，从而促进他们不断地开发自身内在的潜能。

第三，组织实践活动。实践是潜能转化为显能的中介和桥梁。人的潜能只有在实践中才能逐步显现出来，得到实际发挥，从而转化为显能。大学生教育管理通过支持和指导学生的社团活动和社会实践活动，鼓励和引导学生的科技服务和科技创新活动等，可以为大学生提供丰富多样的参与实践活动的机会，使他们的潜能在实践中得到开发和发展。

第四节　大学生教育管理的原则和理念

一、大学生教育管理的原则

大学生教育管理的原则是在大学生教育管理过程中必须遵循的基本准则。大学生教育管理原则确定的主要依据是大学生教育管理的内在规律、实践经验及党的路线、方针、政策。新形势下，大学生教育管理主要包括方向性、激励性、发展性和自主性等基本原则。

（一）方向性

大学生教育管理坚持方向性原则是涉及培养什么人、如何培养人的根本性问题。大学生教育管理是高校办学的重要方面，是学校育人环节的重要一环，社会主义大学的主要目标是培养合格的社会主义事业建设者和可靠接班人，大学生教育管理工作直接影响着这一目标的实现。

方向性原则是指确定大学生教育管理的目标、进行大学生教育管理活动要与高校育人工作的总目标一致，要与党和国家的教育方针、规范、政策和法律法规中规定的教育目标、管理目标等一致。方向性原则是大学生教育管理中具有决定性意义的基本原则。只有坚持这一原则，才能促进大学生教育管理沿着高等教育育人工作的总目标发展，才能保证大学生教育管理的正确方向，才能有利于培养全面发展的社会主义事

业建设者和接班人。坚持方向性原则是大学生教育管理的社会属性决定的，也是我国大学生教育管理历史经验的总结。

（二）激励性

激励性原则是指大学生教育管理中利用一定的物质手段或精神手段，引导学生思想行为的变化，调动学生的积极性、创造性，使学生的潜能得到最大限度发挥，从而实现管理目标的基本准则。在大学生教育管理中，恰当运用激励性原则，将使管理活动更容易被学生接受，更利于实现管理的目标。

激励的效果取决于在激励过程中采取的手段、方式能否针对大学生的发展实际，能否满足大学生的需要，能否在大学生内心形成自我激励的内在动力等。因此，在大学生教育管理中贯彻激励性原则，需要做到以下三个方面。

第一，运用正向激励手段。高校在学生管理过程中科学、合理地运用激励机制，有助于调动大学生的能动性和创造性，改变大学生的观念、行为。正向的激励主要有两种：一种是物质上的，主要指金钱或是实物。物质利益的需求和满足是人生存和发展的一个必备条件。对学生进行一定的物质激励，有助于调动学生的积极性、主动性。另一种是精神上的，主要指通过各种形式的表扬，给予一定的荣誉。正向的激励有助于学生将外部的推动力量转化为自我奋斗的动力，充分发挥自身潜能，从而有效地激励学生成长成才。在大学生教育管理中，要协调好物质激励和精神激励的关系，依据学生的实际采取相应的激励手段，确保管理效果。

第二，在管理中树立典型，通过榜样进行激励。榜样使人有目标、有方向。因此，要善于树立榜样、培养榜样、宣传榜样，并鼓励学生学习榜样、争做榜样、成为榜样。

第三，采取情感激发的方式。情感是人格发展的诱因，是青年追求美好生活的动力。要确保管理目标的实现，一般都要有感情的催化。当管理者与学生平等对待、敞开心扉、愉快相处时，管理活动就比较容易开展。管理者不仅要以制度约束人，而且要以真情感染人，注重沟通，用欣赏的眼光看待学生，使每一个学生的需求得以尊重，困惑得以解决，特长得以发挥。

（三）发展性

大学生教育管理坚持发展性原则，具体包括两个方面：一是管理工作本身要不断发展；二是通过管理促进学生的全面发展。从管理工作本身来看，随着我国政治、经济、文化的不断发展，社会生活发生了复杂而深刻的变化，大学生教育管理工作的形势、环境、对象、任务发生了极大改变，这就要求管理的体制、机制不断变化，管理方式、目标、途径及时调整，以确保大学生教育管理工作的实效。

在通过管理促进学生全面发展方面，关键要做到以下三点。

第一，要树立发展意识。思想是行动的先导，有什么样的发展理念，就会有与之相应的管理方式和结果。大学生教育管理坚持发展性原则必须转变传统的观念，要有意识地把学生全面发展作为管理活动开展的前提。在大学生教育管理中，牢固树立促进学生全面发展的责任感和紧迫感，以新的发展观念指导管理决策，设计管理计划，谋划学生的全面发展。

第二，要不断推动管理创新。通过管理促进学生全面发展，需要同时注重管理本身的发展，而管理的发展实际上是创新。服务于学生全面发展的管理创新就是在遵循大学生教育管理规律的基础上与时俱进，坚持继承与创新相结合，创造性地开展工作，促进学生全面成长和成才，创新大学生教育管理工作成为时代和社会赋予的重任。

第三，要统筹各方面的资源，形成促进学生发展的合力。实践证明，把职业生涯规划、生活帮扶、大学生就业指导、心理辅导等贯穿管理始终更易于发挥学生的主观能动性，激发学生的创造性，从而促进学生的发展。要理顺学校各管理部门关系，通过部门间的相互协调、相互联系，从而将组织内部各个要素联结成一个有机整体，使人、财、物、信息、资源等得以最佳配置，形成促进学生发展的合力。

（四）自主性

自主性原则是指高校在进行大学生教育管理时，使大学生参与管理过程中，进行民主管理，充分调动大学生的积极性和创造性，实现自我管理和自我服务。大学生教育管理遵循自主性原则是由两方面决定的。一方面，有利于育人目标的实现。管理的目标是育人，这就要求将外在的行为规范转化为内在的思想观念，从而支配管理对象的行为。另一方面，有利于满足学生自主管理的现实需求。随着我国社会主义市场经济体制的不断完善，高等教育逐步走向经济社会发展的前沿，市场经济的自主、平等、竞争、法治精神对高校师生的影响不断深化，大学生自主意识不断增强。大学生渴望在各项事务管理中充当主角，充分发挥主观能动性，实现自我管理、自我服务。

大学生教育管理中坚持自主性原则要做到以下三点。

第一，唤醒学生的自主管理意识。在大学生教育管理过程中，要营造轻松、愉快、快乐的氛围，使学生的自主需求得到尊重；同时，要使学生体会到自主管理的成就感，享受自主管理收获的成果。

第二，打造学生自主管理的平台。辅导员要抓好班委会、团支部、学生会等以学生组织为载体的自主管理平台，增强凝聚力、吸引力，建立定期流动机制和激励机制，充分保证学生广泛地参与自主管理中。作为辅导员，要敢于充分“放权”，敢于把大学生教育管理工作交给学生，实现学生的自我管理、自我服务。

第三，加强对学生自主管理的指导。自主管理不等于放任自流，必须加强自主管理的指导，才能保证管理的方向和实效。保证管理的方向和实效有四方面的内涵，即明确方向，定准目标，告诉学生工作要达到的程度和要取得的效果；定好标准，明确思路，告诉学生怎样开展工作；做好监督，对学生任务执行情况进行跟踪观察，时刻关注工作进展情况；及时反馈，帮助学生及时调整方向，确保学生工作在正确的轨道上进行。

二、大学生教育管理的理念

大学生教育管理的基本理念是对大学生教育管理规律的认识和对实践经验的高度概括，是大学生教育管理必须遵循的基本指导思想。高等学校要以培养人才为中心，按照国家教育方针，遵循教育规律，不断提高教育质量；要依法治校，从严管理，健全和完善管理制度，规范管理行为；要将管理与加强教育相结合，不断提高管理水平，努力培养社会主义合格建设者和可靠接班人。因此，大学生教育管理应该坚持人本管理、科学管理、依法管理的基本理念。

（一）人本管理

理性化和人性化一直是管理发展中的两条重要线索。人本管理的思想要求在管理活动中始终把人放在中心位置。在手段上，着眼于所有成员积极性的发挥和人力资源的优化配置；在目的上，追求人的全面发展以及由此带来的效益的最优化。

在大学生教育管理工作中，坚持人本管理理念就是要以学生为本，要树立现代学生观，尊重学生的主体地位，促进学生的个性化发展，实现学生的多样化评价；在实际工作中尊重学生的主体性、差异性、丰富性、独特性，把学生当作有血有肉、有生命尊严、有思想感情的人；以学生成长成才为中心，真正尊重学生、理解学生、关心学生、引导学生。

首先，尊重学生主体需求，促进学生成长成才。要区分不同类型、不同层次学生的特点和需求，分层次、分阶段做深入细致的教育、管理和服务工作，建立起帮助学生成长、解决学生困难、方便学生办事、维护学生权益的大学生教育管理工作体系，让学生受到最好的教育。为此，大学生教育管理工作必须从学生的需求出发，把工作的需求与学生的成长成才需求紧密结合，把学生的当前需求与长远需求紧密结合，把学生个人的需求与群体的需求紧密结合，把表面的物质需求与深层次的精神需求紧密结合，努力培养德才兼备、品学兼优、知行合一的社会主

义建设者和可靠接班人。

其次，体现学生的主体参与，实现学生的自主发展。具体来说，就是要充分发挥学生的主体作用，引导学生参与管理实践，使学生成为管理的主人。学生参与管理的主要平台有学生会、班委会、团支部、社团联合会等学生组织，可以通过学生干部定期换届等方式，努力让每个学生都有机会参与管理。在就业管理、安全管理、资助管理等工作中，也要充分调动学生的积极性，引导学生参与相关政策的制定和实施，真正实现管理依靠学生。

最后，实行民主管理。推行民主管理，尊重学生的主动性和首创性是人本理念的重要体现。为此，不仅要增强管理者和学生的民主管理意识，更要完善民主选举、决策和监督等民主管理运行机制，畅通民主管理渠道。

（二）科学管理

科学管理的实质在于将实践积累的管理经验标准化、系统化、科学化，用科学管理代替经验管理。科学管理的主体思想包括三个方面：第一，提高劳动生产率是科学管理的中心问题，是确定各种科学管理原理和方法的基础；第二，在管理实践中建立各种明确的规定、条例、标准，使管理科学化、制度化是提高工作效能、达到最高工作效率的关键；第三，科学管理不仅在于具体的制度和方法，而且在于重大精神的变革。

大学生教育管理工作中的科学管理，特征是规范化、制度化和模式化，其价值核心在于提高学生管理的效率，强调建立完备的组织机构、详细的工作计划、严格的规章制度、明晰的职责分工、程序化的管理模式和采用物质激励以及纪律约束与强制。在这种管理方式下，大学生的学习模式、纪律制度、行为准则、运作程序都实现了规范化；信息传递、各项学习生活实现了程序化，能够最大限度地引导学生接受正确的价值取向，实现管理效能的最大化。

首先，要用科学完备的制度规范引导人。养成良好的行为习惯是学生成才的重要维度，为此要大力加强大学生教育管理的制度文化建设，建立科学、人性的大学生教育管理体制体系。

其次，要构建平等和谐的师生关系，在师生互动中实现管理的和谐。管理者应是积极的引导者和平等的协商者，管理者要以学生为友，平等地与学生交流，尊重学生的个性，真诚地为学生提供学业指导、生活帮扶和心理辅导。管理者尤其是辅导员教师，要在管理过程中创造性地展示自己的才华，在与学生交往、交流中实现自己的理想与人生价值，真正做到互为主体、教学相长。

最后，要建立一体化的工作体制机制和运行模式。加强学生工作机构的建设，强化其组织协调功能，理顺学生管理系统各部门、各层次、各岗位的职责权限关系，使管理工作与教学工作、课堂内的管理与课堂外的管理、学院与机关、机关各职能部门以及各管理者之间坚持统一标准，形成合力，互相促进。

（三）依法管理

依法管理是依法治国方略在高校的具体体现。大学生教育管理中强调依法管理是指大学生教育管理必须以法律为依据，符合法律要求。也就是说，大学生教育管理过程中的决策、计划、组织和控制都必须纳入法律轨道，不能违法违规。大学生管理坚持依法管理是大学生教育管理自身的发展需求。

首先，要增强法律意识，加强法律知识学习。作为大学生教育管理者，不仅自身要认真学习这些法律条文，深刻理解，做到关键问题心中有数，疑难问题随时查询，同时，还要注意引导学生积极学习各种常用的教育法律法规和规章，了解自己的合法权利、义务，增强依法维权和依法履行义务的意识，养成良好的学法、守法的习惯，为学生适应社会、推动国家法治建设夯实基础。

其次，要以法律为准绳，依法制定适合学校实际的内部具体规章制度。目前，大学生教育管理的一般性法律法规已经比较健全，但是不同类型、不同层次、不同地区的高校有着不同的学生管理具体实际，需要

按照《普通高等学校学生管理规定》等相关法律法规，制定适合学校实际的内部具体规章制度。

最后，要严格遵守法律法规。要把对学生的规范管理与对学生合法权益的有效维护结合起来，既要严格要求，又要充分尊重和平等对待。尤其是在处理违规违纪学生时，一定要做到事实清楚、证据确凿，使用法律法规正确恰当，处理程序符合相关法律规定，做到公平公正。

第三章

高校教育教学质量管理

高校处于教育链条的末端，其培养出来的人才将会直接接受国家、社会、岗位以及人民的检验。反过来说，高校的教学质量将会直接影响到人才的培养质量。

第一节　高校教学质量管理概述

一、教学质量管理的内涵

教学质量管理实质上就是管理教学质量形成的全过程和各环节，把有关人员组织起来，把影响教学质量的各种因素控制起来，以保证在教学质量形成的过程中不出差错，或少出差错，逐步提高教和学的质量。所以，实行教学质量管理是提高教学质量的重要保障。有些管理者习惯把考试当成教学质量管理的主要手段，这是由来已久的一种误解。教学质量不是考出来的，而是教出来的、学出来的。管理者应将教学质量管理的重点放在平时形成教学质量的全过程和各环节上，而不应当放在考试上。

教学质量管理主要有以下内容。

第一，管理者应进行宣传教育，做好思想工作，充分发挥全校教职员工的聪明才智，增强他们的质量意识，使人人关心教学质量、个个参与质量监督，认真负责地做好质量管理工作。

第二，管理者应建立和健全教学质量管理体系，组织所有与教学质

量相关的人员进入教学质量管理系统。每个人都应充分履行自己的岗位职责，充分发挥自己的岗位职能，使上下左右信息渠道畅通。

第三，在每学期开学之前，管理者应根据上一学期的经验教训，采取上下结合的方法，提出新学期的要求或目标，实施相应的计划。

第四，管理者应检查各职能部门、各教研组、各班级的实施情况，控制和调节影响教学质量的各种因素。

第五，管理者要充分了解和掌握教学质量的情况，用数据说话，不能停留在用生动的和突出的事例来说明问题的水平上。

二、教学质量管理的类型

（一）预防性质量管理

预防性质量管理主要指高校通过抽样检查，及时了解教师备课、上课、批改、辅导的质量，及时了解学生预习、听课、复习、作业的质量，从中发现和解决问题，及时总结经验并推广。预防性质量管理是稳步提高教学质量的一种可靠的保证，这种管理既可以防患于未然，又可以防止和减少教学中的倾向性问题发生。

（二）鉴定性质量管理

因为鉴定性质量管理是管理者到了一定阶段后所进行的质量检查和质量分析，所以又叫阶段性质量管理。比如：在新生刚入学后，有的高校会进行摸底测验或编班测验，及时了解学生在上一个学段完成学习任务的情况，并及时进行补缺补漏的做法，就属于这种管理；有的高校在每个学年对学生德、智、体、美等的发展情况进行全面的分析评定，做出升留级的决定，并且总结这方面的经验的做法，也属于这种管理；对毕业班学生德、智、体、美等方面的发展情况进行质量检查和质量分析，总结经验的做法，也属于这种管理。

（三）实验性质量管理

在教学质量管理过程中，许多做法都要经过科学研究和科学实验，只有被证明是切实可行、行之有效的，才能被逐步推广。这样做，不仅能够让管理者提高自觉性，减少盲目性，学会按照客观规律办事，而且可以防止挫伤师生员工积极性的情况出现。如果管理者见到新方法不经过研究和实验就直接拿来用，很有可能会在实施过程中出现各种问题，从而造成资源和时间的浪费。

三、教学质量管理的原则

（一）坚持以教学为主

高校以教学为主是由高校本身的性质、任务决定的。教学是高校的根本任务，就像生产是工厂的根本任务一样，否则高校就不能被称为学校了。高校的这种性质、任务，决定了教学工作是学校工作的中心，是处理矛盾、全面安排工作的出发点和落脚点。当然，坚持以教学为主，并不是一件轻而易举的事情。高校必须端正办学指导思想，提高科学管理水平，改进工作作风和工作方法，才能切实做到这点。

要做到以教学为主，就要使全体学生德、智、体、美诸方面都得到发展，提高教师的思想水平、业务水平和教学水平，充分发挥教师的主导作用和提高学生的学习积极性等。

（二）坚持实事求是

“实事求是”是做好工作必须遵循的一项重要原则，也是高校实行科学管理的一项重要原则。在高校管理工作中，一些高校领导存在着“重经验，轻理论”的问题，进而阻碍了科学研究和科学实验广泛深入地开展。只有将这个问题解决了，高校领导学习科学理论并用以指导高校管理实践的自觉性才会提高，工作的盲目性才会减少；只有将理论同实践结合在一起，才能从实际出发，找出周围事物的内部联系。

（三）坚持思想政治工作优先

高校领导是师生员工的带路人。一所学校能否按照党中央和国务院指引的方向前进，成为社会主义精神文明基地，要看高校领导能否做好

思想政治工作，能否对于来自校内外不良影响采取有力措施加以遏制。近些年来在教育质量管理过程中，一些高校出现了重视文化成绩，忽视学生德、智、体、美全面发展的倾向；重视知识传授，忽视发展能力的倾向。在教学质量管理工作中，高校领导应该明确思想政治工作的地位和作用；应该明确在新的历史时期加强思想政治工作的重要性；也应该明确，在学校里，思想政治工作不能离开以教学为中心的轨道而孤立地进行。因此，高校领导还要结合业务工作和日常管理活动进行思想工作。

第二节 高校教学质量管理体系的构建

一、构建高校教学质量管理体系的意义

（一）适应社会监督和评价，促进办学特色和个性定位

我国高等教育大众化以来，准确定位成为当前乃至今后高校个性化发展的前提和关键。高校不断扩大自主权后，通过办学质量和实力竞争择优录取考生，也促使考生根据自己水平选择学校和专业。这种发展现实必然促进国家主管部门定期对高校办学质量进行评估，向社会公布各高校的教育水平和专业特色，以供考生和家长参考。同时，教育是一个公共话题，高等教育大众化后社会就业问题不断严峻的事实也说明，高校要适应多样化人才需求，必须加强教学质量监控体系建设，以较高的人才培养质量来赢得社会和用人单位的欢迎。

（二）理顺教学管理体制，规范质量管理

自教育部启动五年一轮的本科教学水平评估工作以来，大部分高校都结合自身实际引入和嫁接诸如全面质量管理、ISO9000 质量标准、系统分析等各种管理理论，建立了各种质量管理模式。但是，囿于统一的行政管理体制，高校教学管理体制一般在学校党政领导下，宏观上由学校教务处统筹把握，担当教学质量管理的主要角色，中观层面在很大程度上由各院（系）、部具体操作，而微观层面由专业教研室实际操作。

从“科层制”角度来说，各院（系）与教务处属于同一级别，长期由于权限关系不清，难以有效发挥教学质量监控的功能。因此，建立教务处宏观统筹协调、各院（系）相对独立的教学质量管理体系，既是理顺教务处与院（系）管理关系的需要，也是规范学校教学管理制度的必然要求。

二、构建高校教学质量管理体系的原则

（一）动态性原则

动态性原则是构建高校教学质量管理体系的基本要求。高等教育的发展是一个不断变化的动态过程。各高校应从本地区高等教育发展变化的实际出发，根据自身的现实情况，动态地构建高校教学质量管理体系。动态性原则是指构建高校教学质量管理体系必须根据不同的情况，确定和采取不同的措施、策略和方法，使高校教学质量管理体系具有针对性和适应性。

（二）发展性原则

随着社会不断前进，高等教育也在不断发展。因此，针对它而构建的高校教学质量管理体系也不能一成不变。有效的高校教学质量管理体系应根据环境的变化，针对社会发展变化做出及时调整，从而不断适应高等教育的发展。此外，高校教学质量管理体系还应该吸收国内外先进的技术和经验，及时反映出教学质量管理的新概念、新思想和新方法。只有保持先进性和超前性，才能使教学质量管理体系保持相对稳定性。

三、构建高校教学质量管理体系的途径

（一）建立多元的高校教学质量管理观

高等教育规模的不断扩大使高等教育普及化的进程越来越快。数量的增长只是大众化的表面现象，它带来的更深层次的变化是观念的变化和模式的创新。高校应在思想观念上主动转变，以积极的心态面对高等教育大众化阶段带来的挑战。高等教育大众化阶段的发展多样化促使高

校教学质量管理观和高校教育目标向多元化发展。所以，管理者必须在思想观念上及时转变，将封闭的内向型思维转变为现代开放的国际型思维。为了形成多元化的高校教学质量管理观，管理者应主动进行高等教育的理论与实践研究，从而使多元化的高校教学质量管理观得到确立，避免只用一种质量标准去衡量所有高校活动的质量。

（二）建立完善的高校教学质量管理体系

高校主要通过建立完善的教学质量管理体系来保障教学质量。高校应树立牢固的质量意识，建立教学质量管理体系，充分发挥管理体系的作用。所有外部的评估与监督措施要达到对高校教育质量应有的保障效果，就离不开高校自身的教学质量管理体系。所以，关键是要建立起完善的高校教学质量管理体系。

（三）建立国际高校教学质量管理体系经验吸收观

我国高校必须借鉴国外的成功经验，加强国际交流与合作，建立符合国际标准、具有中国特色的高校教学质量管理体系。经过多年的飞速发展，我国高等教育进入大众化阶段。质量是高校生存与发展的关键，所以，高校要重新审视高校教育教学质量问题，重新树立高校教学质量管理观，建立更加完善的教学质量管理体系。学校要想生存和持续地发展下去，大众化高等教育的规模扩大和发展就必须以保证质量为前提。也只有这样，大众化高等教育才有意义。高校应建立一套与现实背景相适应的多元化的综合性高校教学质量管理体系，从各个层次和角度确保人才培养质量，促进高等教育质量的提高，最终实现全面的、可持续的中国高等教育的发展之路。

第三节 高校教学质量管理的创新措施

一、做好标准化工作

（一）制定明确的教学质量标准

教学质量形成的全过程和各个环节中都必须有明确的质量标准，否则我们就难以准确衡量和评定教学质量的优劣程度，也难以准确地判定教学质量究竟是否全面地贯彻了党的教育方针，是否实现了管理目标。要实行教学质量管理，就要研究和制定评定教学质量优劣程度的标准。教师要按照教学计划、教学大纲和教科书的要求上课，并且在每个学年、每个学期、每个单元、每一节课的教学过程中和各个环节中去具体落实。

（二）制定明确的学习质量标准

只有管理者明确了学习的质量标准，才有可能使学生明确每一学年、每一学期的学习任务和要求，从而主动地完成学习任务，完成学习目标。高校应研究并制定学生预习、听课复习、做作业等几个环节的标准，而且要严格检查，通过学习质量标准化的工作，调动学生的学习积极性，培养学生良好的学风。

（三）制定明确的教学质量管理工作标准

教学质量管理的所有工作都要标准化。各项工作要有一个标准，这样管理者才能评定其优劣程度。标准应便于执行，便于检查。例如，管理者在制定实验室管理员的工作标准时可参考以下几点。

第一，仪器、药品、标本、材料、设备等账目清楚，制度健全，随手可查、可取。

第二，要分类编号各种仪器、药品、标本、挂图、材料，存放要有规律。试剂要有标签，要定点存放配套附件，要保持玻璃仪器清洁干净。

第三，能提前一周为实验课和演示实验做好必要的准备，协助教师上好实验课。

第四，做好保管、维修、安全工作。

标准要如实反映情况，不断修改，不断完善。无论是成功的经验还是失败的教训，都应该加以总结使其标准化。待下次再做同样的工作时，可直接按标准进行，借鉴成功的经验，防止再次失败。这样可使学校的工作条理化、专职化，简化管理工作，达到高效率的目的。

标准化既是质量管理的结果又是下一循环的起点。所以，全面质量

管理从标准化开始，到标准化告终。如此周而复始，螺旋上升，逐步完善，整个学校就会出现欣欣向荣的局面。

二、做好教学质量督导工作

（一）构建健全的督导体系

1. 确定合理的督导模式

我国高校应以促进教学质量的提高为重心，以发现问题为前提，以改革教学环节为途径，重新定位教学督导工作，重构与本科教学评估相结合的校二级督导管理机构，在二级学院成立院级督导小组，将教学督导工作重心下移，进一步强化各学院的自我质量监控功能，充分调动二级学院的积极性，发挥各学科专家在各自专业方面的优势，使督导工作更有针对性与实效性。

2. 健全教学督导体系

我国高校应进一步明确督导人员的责、权、利，提高教学督导在质量监控体系中的地位和作用，强化其督导功能。教学督导体系的建立和健全，是进行教学质量监督的重要前提。只有充分发挥教学督导体系的作用，才能使质量监控更加公平合理，并且取得良好的监督和控制效果。

（二）构建督导与服务相“融合”的体系

“导”是教学工作的重点内容，“督”是为了更有效地“导”。以“导”为主，以“督”为辅，“督”和“导”相融合才能使“导”具体到位，使“督”得到延伸和落实。督导人员要通过对教师工作的“督”，了解和掌握其不足之处，帮助他们解决教学中出现的问题，改革教学方法与手段，提高教学技能；督导人员要挖掘教师的潜能，帮助他们总结经验，形成个性化的教学风格。同时，校院两级管理部门要定期组织召开督导工作会议，索取建议，处理信息，解决督导中存在的问题，帮助督导人员提高工作效率与督导水平，以使其更好地服务于教学工作。

（三）加强督导队伍的专业化建设

学校要重视督导人员的整体素质。建立一支专兼职相结合，专业、年龄结构合理，素质良好的督导队伍是高等教育教学改革与发展的需要，也是高校提高教学质量的必然要求。高校要加强督导队伍的专业化建设，优化督导队伍的专业结构，应要求督导人员具有专业知识、专业技能和职业道德；建立有效的督导人员培训机制；明确规定督导人员的职责与职权；引导和鼓励督导人员加强理论与技术研究，提高其督导工作水平。总之，高校能否顺利构建及运行教学督导系统的关键在于是否具备一支高素质的督导队伍。

三、做好一支合格师资队伍的建设工作

教师是办好学校的主要依靠力量。建设一支有足够数量的、合格而稳定的师资队伍，是提高教育质量的根本大计。

建设一支具有竞争力的高素质师资队伍，是保障高校教学质量的关键所在。因此，高校管理者必须全面提升师资队伍素质。此外，教学质量的提高与高校教学工作相关的所有人员都有着密切的联系，尤其是与教学管理队伍的人员素质紧密相关。

师资队伍是一所大学的灵魂，决定了学校的教学质量、科研活动质量、人才培养质量和社会服务质量，是一所大学的生命所在。提高教学质量和办学效果的根本在于抓好教师队伍建设。因为教学质量提升和师资队伍建设之间存在着密不可分的关系。

（一）处理好教师观念与教学质量之间的关系

教师的教学行为对教学质量有重要影响，教育理念又是决定教学行为的重要因素。所以，管理者应首先引导教师改变教学观念、抓好教学质量。解决好“教师观”和“学生观”这两个方面的问题，是转变教学观念的关键。

重新定位教师功能和角色是转变教师观的重要方式。教师的教学目标究竟是对知识进行讲解和传授，还是通过引导学生进行学习，使学生的思维品质得到提升，是管理者必须深入思考的问题。

在传统的教学观念中，教师最重要的任务就是向学生传授知识，但学生在学习过程中易形成思维上的依赖感，往往会直接获取教师提供的

知识，久而久之成了知识灌输的容器，而教师则成了知识的搬运工和讲解员。事实上，教师的角色是一个引领者，他们在学生的学习过程中起到引导、促进和帮助的作用。使学生学会学习、学会思考才是教师的教学目的。

当前的学生观主要强调的是在教学实践中尊重学生学习的个体差异，遵循学生的学习规律，为学生的学习能力的提高找到科学合理的方式方法。教师只有转变之前不科学的学生观，才能真正确立学生学习的主体地位。

此外，教师的观念转变，一方面需要相关的理论指导，另一方面需要教师不断地在自己的教学过程中进行反思，从而达到提高认识和转变观念的目的。

（二）处理好课堂教学与教学质量的关系

教学质量管理工作必须深入教学第一线，否则难以收到实效，管理者也难以和教师有深入的切磋和交流，难以进行切实有效的教学指导，或者只是凭借考试结果进行评价，因而难以保证教学的质量和效果。管理者应组织教师不断研究和解决教学过程中出现的问题。

同时，管理者要引导教师结合自己的教学实践对一些给教学行为带来干扰的、似是而非的模糊认识进行冷静思考。

（三）处理好教学方法与教学质量的关系

教学方法对教学质量有影响是毫无疑问的。良好的教学方法有利于学生在更短的时间内掌握知识，在相同的时间内掌握更多的知识或更深刻地理解所学的知识。相反，如果使用的教学方法不恰当，尽管教师十分努力，学生也付出了很多的精力，但学生也无法有效地掌握所学知识。可见，探究教学方法对提高教学质量十分重要。因此，管理者要积极鼓励和帮助教师设计出个性化的教学方法。总之，教学方法和教学成效之间存在着某种密切的联系。这就要求教师要注重积累经验，分析这种相关性，确立检验成效的标准、内容和方法，通过考查学生自学能力，优化学生思维品质，切实保障学校工作的整体推进。

第四章

高校教育课程管理

课程管理是高校教育管理工作的重要组成部分。课程管理是对学校内一切与课程有关的活动进行的管理。它主要包括课程生成性系统管理、课程实施系统管理、课程评价系统管理，其主要职能是决策与领导、计划与组织、控制等职能。在高校课程管理过程中，要坚持人本管理原则、层级管理原则、科学化管理原则、灵活性管理原则。解决好课程管理问题，不仅对课程自身的改革与发展，甚至对推动整个教育改革的深入以及提高人才培养质量，都具有十分重要的意义。

第一节　高校课程概述

一、课程的定义

课程作为高校教育教学的中心环节，一直备受国内外学者关注，学术界对课程的定义也是众说纷纭。主要的课程内涵有如下观点：

（一）把课程作为学科或教材

把课程视作学科、教材，是最普遍、最常见的课程定义。例如，美国教育哲学家、课程论专家费尼克斯认为，课程应是完全包含学科的知识，或者说一切的课程内容应当从学术（学问）中引申出来。换言之，唯有学术（学问）中所包含的知识才是课程的适当内容。这是“学科”类（狭义的课程）课程定义的代表。再如，《中国大百科全书·教育》对课程的定义是：课程是所有学科（教学科目）的总和，或学生在教师

的指导下参与各种活动的总和（广义的课程）。此外，课程还被看作学科的内容或教材。学科内容是教程的纲要，教材包括教科书、课程指引、科目纲要、媒体资料等。

若把课程看作学科或教材，那么科目编排，教材与教科书、课程材料的编制等就成了课程发展的重点。其优点在于，“课程作为学科”强调以知识为中心和知识的逻辑与结构，强调向学生传授学科的知识体系，这促使教育工作者注重学科的结构和探究方法，以及教材的更新等；其缺陷是，教师和学生仅仅是课程的执行者和接受者，片面地强调课程内容，并把课程内容局限于学科知识，忽视了学生在各种活动中所获得的经验，忽视了学生智力与创造力发展，忽视了教学策略、教学方法等课程设计工作。把课程内容与教师的教、学生的学割裂开来，课程成为外在于学生的静态的东西。

（二）把课程作为经验

视课程为学生在教师的指导下或自发所获得的经验或体验是美国教育家杜威的观点。他反对把课程作为一套活动或预先设定目标，认为教育目的和手段是同一过程中不可分割的部分，把课程视为学生在教师的指导下所获得的经验。

用经验来定义课程，拓展了课程的内涵。一方面，经验比知识含义更丰富、更广；另一方面，学生在课堂上所学的主要是书本知识，不能用“知识”来定义课程。课程包含了教师教学，学生学习过程和学习结果，转向了学生、学生的直接经验。其优点在于：提醒人们重视学生的学习环境与学习兴趣、个人爱好与个人需要等，告诉人们课程的开发人员不仅仅是学科专家及其他教育工作者，教师和学生也都是极其重要的角色；其缺陷是，“课程即经验”定义的范围过宽，既面临如何区别对待合理与不合理经验，学习有关或无关经验的困难；又面临怎样区分正规学习活动与课外活动，以及如何发挥知识在学习发展中适当作用的难题. 同时，每个学生的基础和经验不同，教师怎样与能力参差不齐的学生对话、交流，费尽心思，也会形成一种难以促进个人发展的课程困境。另外，“课程即经验”忽视了系统知识对学生成长与发展的作用。

（三）把课程作为目标或计划

此种课程定义把课程看作是在教与学过程中要达到的目标和预期的教学结果，是预先设定的教学计划或预先设定的教学蓝图。许多理论家都持这种观点。

在这样的课程观指导下，目标或计划的选择与制定成为其核心工作。课程的重点只是关心目的，内容、学习活动、评价程序等都不属于课程。其优点在于：强调课程的目的性，就意味着可操作性强，并提示人们重视目标与计划，通过良好的计划向学生提供各种学习机会；其缺陷是：过分强调预先计划而缺乏灵活性，不容易顺应变化了的教育环境及客观要求。片面强调课程目标和计划，容易把课程目标、计划与课程过程、手段割裂开来，容易忽视学习者的经验，课程成了教学过程和情境之外的东西。

不同的课程定义有着各自独特的作用，在课程领域均有其各自的侧重点，在课程发展的不同阶段均有其各自的适用性。分析不同阶段的课程活动，可选用不同的课程定义。在课程的设计阶段，选择课程作为学科的目标或计划较为合适；在课程评价阶段，选择课程作为经验较为合适。

二、高校课程

（一）高校课程的含义

“高校课程”是高等教育体系中极为重要的一个概念，它是高校教育内容最集中、最具体的体现，是高等教育学科体系及其教育活动的总和，是实现培养目标的手段。高校课程的概念，在国内高等教育教学研究成果中有相关的论述。张楚廷认为可以从三个层面来理解高校课程：狭义的理解即课程是教学科目，中义的理解即课程是教学内容，广义的理解即课程是学生在高校习得的一切文化总和。潘懋元、王伟廉提出，

根据教育是一种有目的的活动，并结合我国高等教育当前的研究状况，“课程”这一概念采用这样的定义是比较恰当的：课程是指学校按照一定的教育目的所建构的各学科和各种教育、教学活动的系统。谢安邦将课程的定义分为狭义和广义两类：狭义的课程是指被列入教学计划的各门学科，及其在教学计划中的地位和开设顺序的总和；广义的课程则是指学校有计划地引导学生获得预期的学习结果而付出的综合性的一切努力。与前者相比，广义课程既包括教学计划内的，也包括教学计划外的；既指课堂内的，也指课堂外的；它不仅指各门学科，而且指一切使学生学有所获的努力。薛天祥认为，高等学校的课程，一方面是知识传播的媒体，另一方面更是知识生产、创新的“胚芽”，涉及人的、教育的发展的各个方面。对高校课程定义各种各样，但在课程有广义与狭义之分这一点上却是一致的。综合各位专家学者的观点，广义的高校课程是高校为培养一定的人才而制定的教学计划或培养方案，使学生获得知识、参与活动、丰富体验；狭义的高校课程是指每一门具体的教学科目，其中包括课程内容的编制、课程目标的制定、课程实施和课程评价方式等。

（二）高校课程的特点

与基础教育课程相比，高校课程具有其自身鲜明的、基本的特点。

1. 高校课程具有明显的专业性

高校课程大多以知识为导向，以学科为经纬，结合社会需要进行安排与组织，使得高校课程具有明显的专业性质。不管高等教育改革如何强调基础、淡化专业，实现课程综合化，但知识体系是以课程的形式确定下来，而课程体系又是以专业来构建的，专业性是高校课程的本质属性，是高校课程的明显特征。

2. 高校课程的内容具有前沿性

首先，科学技术不断发展，要求高校不断更新课程内容，吸收科学技术发展前沿的最新研究成果。只有这样，课程才能不断丰富和发展。其次，高校也是开展科学研究的机构，教师可以把科学技术发展前沿的最新研究成果直接引入课堂，当然科学研究的发展也能从教学中吸取营养。最后，高校在人才培养上，不仅要传授学生专业知识，还要培养学生科学研究、探索未知世界的能力。因此，在课程内容中要有科学技术发展的最新研究成果，要有科学技术发展过程中尚有争议的问题或尚无定论的问题，使课程内容始终处于科学技术发展的前沿。况且学生已具备接受各专业领域最新研究成果的能力，对不同的观点有一定评判的能力。

3. 高校课程具有注重能力培养的探究性

高等教育是一种高层次的教育。学校在给学生传授现有知识的同时，要突出培养学生科学研究能力，激发学生探索未知世界的愿望，把本学科正在解决或尚未解决的问题，尚无定论或尚有争议的观点提供给学生，激发学生的探究欲望。另外，教师在课程的整个教学过程中也要常常贯穿自己的科研历程和思维方式，以激发学生的探究欲望。

4. 高校课程总体结构具有复杂性

就课程的总体结构而言，高校课程具有复杂性。从纵向关系看，高校课程具有多层次性、多规格性。如专科课程、本科课程、研究生课程等，它们因教育目标的不同而采用不同的课程教学策略和方式；从横向关系看，高校各系科之间的课程结构关系复杂；从高校某一专业课程结构看，一般设有专业课、专业选修课、公共课、公共选修课等，这些课程的开设为实现学生全面发展服务。另外，高校课程的形式也是多样、复杂的，如讲授课、讨论课、实验课、实习（生产实习、教学实习）、社会调查、生产劳动、毕业论文、毕业设计等。

（三）高校课程的类型

划分标准不同，课程类型也就不同。高校课程可以按课程的性质划分，按课程的表现形式或影响学生的方式划分，也可以按课程的组织方式划分，还可以按课程的管理层次、课程的选读要求划分。笔者将高校课程划分为五种类型：专业课程和通识课程、理论课程和实践课程、必修课程和选修课程、显性课程和隐性课程、微观课程和宏观课程。下面

对其进行简要介绍：

1. 专业课程和通识课程

专业课程是根据国家教育行政部门划分的专业，为学生提供专业基础理论、基本知识和基本技能的课程。通识课程是为学生提供的一种共同的、综合的、非专业性、非功利性、非职业性、不直接为职业做准备的知识和态度的基础性课程。专业课程在于让学生掌握本专业的基本知识和基本技能，提高学生的专业素养，培养专业领域的高级专门人才。

通识课程则在于培养学生既具有广博知识、高尚人格，又具有深厚文化底蕴、反思批判等科学精神，既具有工作的能力和生活的情趣，又具有关爱他人、关爱社会及自然的人文情操和通达共识的较高境界。

专业课程和通识课程紧密联系、不可分割。高校课程的建设与实施应注重这两类课程的结合，以顺应时代的要求并实现学生的全面发展，使学生在掌握知识和本领的同时，更能领悟到人生的意义和生存的价值。

2. 理论课程和实践课程

理论课程是指使学生掌握有关专业所必需的原理、规律及方法等知识的课程，它包括基础理论课程和专业理论课程。实践课程是为培养学生实践性或应用性能力的课程，它包括实验、实训、课程设计、毕业论文（设计）、社会调查及社会实践等。

学生通过基础理论课程的学习，掌握该专业的基础理论、基础知识和基本方法，为学习学科知识和进行科学研究打下坚实而深厚的理论基础。学生通过专业理论课程的学习，掌握本学科的专业知识和方法，了解本专业最新研究成果和发展趋势。实践课程不仅仅要训练学生的技能，更重要的是发展学生的实践智慧，发展学生的实践能力。它着重于培养学生解决实际问题的能力和持续专业发展能力、专业精神，重视学生的生活世界和个体体验，注重学生的精神境界、道德观念和终身发展。

理论课程与实践课程并非二元对立。理论课程包含实践的因素，而实践课程也包含着理论的因素。因而，在高校课程建设中只有把理论课程与实践课程有机地融合在一起，才会避免二者在时空上的分离与脱节。

3. 必修课程和选修课程

必修课程是指某一专业、某些专业或所有专业的学生都必须学习的课程，它具有较强的基础性、统一性、稳定性。选修课程是指除必修课程之外的课程，学生可以根据自己所学专业，也可以根据自己的兴趣、爱好、特长和个性来任意挑选的课程。必修课程教学内容具有基础性、统一性，对构成具体的、基本的人才培养规格具有重要作用，是学生都必须学习的、必须掌握的知识和技能。选修课程教学内容具有独特性、灵活性、自由性和交叉性，对构成特定的、特殊的人才培养规格具有重要作用。学生可以选修自己所学专业的高深理论或相近专业的相关课程，也可以选修跨专业、跨学科门类、跨学院甚至跨学校的公共课程。

必修课程在于保证学校学科专业所培养的人才的基本规格和质量。选修课程则在于扩大学生的知识面，发展学生的某一专长，满足社会经济发展对多元化人才的需求。

对于高校人才培养，必修课程从根本上规定和保证了人才培养的方向和需要。而选修课程则更好地适应社会经济的发展和科学技术的进步，体现因材施教的教育思想。必修课程和选修课程在人才培养上相互促进、互为补充。高校要想满足学生个性化发展需要，扩大学生的自主学习空间，促进学生知识结构上的交叉与渗透，就必须有目的、有计划地增大选修课程的比例，增强课程的弹性。

4. 显性课程和隐性课程

显性课程是指学校课程计划中明确规定的学科，以及展开教学活动的课程，它是为达到一定的教育目标，有目的、有计划、有组织地来设置的；隐性课程是指学校课程设计中未明确规定的学科、课程，是无意间的学习经验。

如果说显性课程是一种理性教育课程，那么隐性课程是一种非理性

教育课程。学生通过显性课程的学习，能够形成认知、技能体系，培养理性思维能力；而通过隐性课程的学习，则能养成正确的道德观、情感观、价值观和世界观。隐性课程的这种重要作用是显性课程不可替代的，我们要逐渐改变过去那种“一切为教育目标的实现”而全部依赖显性课程的传统观念。

显性课程和隐性课程是高校课程系统的有机组成部分，二者不可或缺，不可偏废。就学生的受教育过程而言，理性教育与非理性教育往往交织在一起。高等教育的最终目的是促进学生的全面协调发展，我们既要发挥显性课程对发展学生认知和技能的作用，又要发挥隐性课程对陶冶学生情操和培养学生意志的作用。促进两类课程的和谐统一，共同实现教育的最终目的，培养全面协调发展的人。

5. 微观课程和宏观课程

微观课程是指各自独立的教学科目或学科。例如，高校工科中的数学、计算机语言、材料力学等科目；文科中的西方哲学、世界通史、语言学等科目。对其研究，目的在于使单门学科或者科目的教学内容更适应时代要求。紧紧跟上时代发展步伐，使教学方式更加行之有效，使教学组织形式更加灵活开放。宏观课程是指作为某种人才培养方案的课程总体，这种课程总体既可以指某一专业的课程体系，也可以指整个学校中某类共同课程的课程体系，如师范类的教育科学课程体系、工科类的基础课程体系等。对其研究，目的在于探求如何设立整个人才培养目标及设立的依据，探讨哪些东西最值得学生学习，如何把最值得学习的东西与教育教学活动形成一种最佳结构，从而更好地实现人才培养目标。

微观课程与宏观课程关系密切。首先，微观课程是宏观课程的依托与基础。对课程总体的深刻把握建立在一门门学科或科目，一项项教育教学活动基础上。其次，对微观课程的研究要以对宏观课程的研究为指导。课程的基本问题即“教什么”的问题，是对课程总体的要求，每门学科或科目以及各项教育教学活动必须以课程总体要求为准绳；高校主要是通过多门学科或科目与各项教育教学活动协调作用来实现培养目标。此外，整体功能大于部分之和，课程总体是根据培养目标的要求形成一个有机的整体。对整体中各门学科或科目以及各项教育教学活动的内容、方式等的选择和确定，也是基于追求和理解“整体功能大于部分之和”。目前，我国高校课程表现出重微观轻宏观的倾向，所以在课程改革过程中，要注重加强对宏观课程的研究。

高校课程因划分标准不同，可分为不同的类型。不管是哪种分类，都有其合理性，发挥着不同的作用。所以在课程教学与研究中，要注重它们之间的互通性，不断推动课程的发展。

第二节　高校课程管理的内容与职能

一、高校课程管理的内容

高校课程管理活动具有鲜明的目的性、计划性，主要是对包括课程编制、课程实施、课程评价在内的管理活动过程。以学校课程管理的阶段划分，高校课程管理包括课程生成性系统管理、课程实施系统管理以及课程评价系统管理。

（一）课程生成性系统管理

在课程管理领域，最基本、最核心的问题是课程生成管理问题。在课程生成系统中，课程编制是核心，包含课程目标的确定、内容的选择与组织等环节，在范围上与教学计划的制定过程基本吻合。从理论上讲，课程生成性系统管理是高校课程管理的第一步。课程编制就是如何安排课程或对课程做出计划，它是课程管理的核心部分和课程管理研究的重要领域。这种计划活动需要一定的理论来指导，并需要借助一定的方法来实现预期的目标。因此，需要进行这方面的理论和方法的研究。课程编制理论在性质上主要属于应用理论和技术理论。最早的课程管理研究活动大都是围绕课程编制而进行的。

课程编制的管理大致包括两个大的方面：课程制定者的管理和课程编制过程的管理。

1. 课程制定者的管理

课程的编制质量如何，很大程度上取决于课程编制者的水平。所以，对课程编制者的管理在课程管理中处于主导地位。与此涉及的理论问题是课程编制中对主体的选择问题、主体的知识结构问题、主体在编制活动中的规划问题。课程编制者在实践上需要理论的指导。而对整个编制过程中编制者活动的监控与协调，则要通过一定的方法转化成某种进行管理或进行监控的手段。

2. 课程编制过程的管理

课程编制是一个比较复杂的过程，会涉及课程的组织、结构以及处理课程资源不足等问题。从课程组织和编制的角度看，高校课程可以分为三个层次，即单门课程的编制、培养方案的编制和以学院或学校为单位的课程编制。那么对课程编制过程的管理主要是对这三个层次的管理。这三个层次上，教师、管理人员和领导者分别承担相应课程管理责任。对教师而言，在三个层次的管理责任和权力上也有区别。例如，有的教师承担着制定培养方案的负责人的角色。所以通常也可以把教师再分为两类，即普通教师和承担培养方案制定工作主要责任的教师（通常为分管教学工作的系主任或院长）。如何提高课程体系中有学术价值的课程的比例？一是营造积极向上的学校氛围。学校领导者要通过人事制度和分配制度改革来激发广大教师和管理者的积极性，更多地生成有学术价值的课程；二是进行有效的课程管理。在培养方案的制定过程中，建立对话机制、协商机制，协调不同意见，以相互协作的方式来编制课程，这样将会加大课程体系中有学术价值课程的比例。当然，这就要求课程管理者既要具备协调各种不同意见的能力，又要具备认识影响课程的各种因素的能力。

（二）课程实施系统管理

完善的课程体系是人才培养的重要保障。只有有效地组织课程实施，完善的课程体系才能在人才培养中真正发挥作用。否则，再好的课程体系也没有任何存在的价值和意义。在课程实施系统管理中，要以实施过程为核心。学校对课程实施进行管理，一方面要决定在教育活动中实施哪些课程；另一方面要对课程实施进行调试，生成并开发课程。课程实施最主要的是要将课程理想变成课程现实，实现实时教学。但这并不是唯一的途径，如社会实践、研究性学习等，也是课程管理的内容。

目前，高校实施学分制，课程实施管理工作变得更加复杂。从排课、选课、授课到课程考核，既要有规范的制度约束，又要有开放的、灵活的管理机制。规范的制度约束主要是指建立规范化、制度化的保障体系，使课程实施的各个环节均有章可循。例如，严格课程教学、实验实习、作业论文、课程考试等方面的常规管理。开放性的灵活机制是指要注意课程管理的灵活性和弹性，在学生选修、免修、重修，学分和成绩认定，选择教师等方面的安排上有一定的灵活性。例如，学生可以自主选择部分课程，自主选择修读方式，自主选择修读时间，自主选择老师等。这样才有利于激发学生的学习热情，促进学生的良性发展。这里只从大的方面对课程实施过程的管理做了说明，未对具体的课程实施所涉及的各部分进行详细的管理说明，不过为细化管理指明了方向。

（三）课程评价系统管理

课程评价“检查课程的目标、编制和实施是否实现了教育目的，实现的程度如何，以判定课程设计的效果，并据此做出修正课程决策，对课程建设的目标具有一定的导向作用。”课程评价的根本目的在于通过评价活动发现课程中存在的问题和不足，找出其原因，从而做出相应的改进。通过对课程评价的管理，在一定程度上可以调节课程设置、监督课程实施、促进课程建设。

课程评价管理主要包括学业成绩测验管理和发展性课程评价管理两个方面。在学业成绩测验管理中，要加强编制工作、编制人员、考试测验实施、测验信息反馈和质量分析的管理；在发展性课程评价管理中，要树立科学的发展性课程评价观，加强对制定与改进学生学习计划的指

导，加强对教与学过程中的评价管理。在学业成绩测验管理和发展性课程评价管理中，都要“以学生发展为本”来引导课程建设工作不断走向规范化，实现高效化。

二、高校课程管理的职能

管理职能是指管理系统所具有的职责和功能，高校课程管理主要有对课程的领导与决策、计划与组织、控制职能等。

（一）领导与决策职能

领导就是领导者按照一定的计划或方法，在一定条件下，率领、引导和组织实现某组织和人员目标的行为过程。领导的本质是一种影响力，即通过领导的影响力来影响组织内部人员的行为以达到目标。课程管理的领导职能主要是规划、决策、组织、协调、控制和引导等。发挥课程管理领导职能，促使课程系统内人、财、物、课程信息等课程资源得以有效地、充分地、合理地使用，保证课程管理的各项工作得以顺利开展。

课程决策是在一定的人才质量观指导下，为达到一定的教育目标（主要是人才培养目标），在一定的信息、知识和经验的基础上，依据一定的人才培养模式，选择或确定一个合理的课程体系构造方案的分析、判断、抉择活动。从决策过程来说，课程决策又具体包括课程设置决策、课程实施决策、课程评价决策等方面。课程决策是课程编制、课程实施的前提和基础；决策正确与否，是学校课程建设和改革成败的关键。课程管理的决策职能是课程管理过程中的重要职能，不仅在课程管理过程一开始就要发挥作用，而且还贯穿课程管理的整个过程。

（二）计划与组织职能

计划职能是指根据主观条件、客观条件，为实现既定的课程目标，对课程系统中人、财、物、时间、课程信息等因素进行统筹规划，从而制定出课程编制、课程实施、课程评价等活动的实施步骤、实施方法、实施途径及行动策略。计划职能是其他管理职能的前提和基础，并融合在其他管理职能之中。它是组织协调的前提，指挥实施的准则，控制活动的依据。课程管理的计划职能包括确定课程管理的目标和实现课程管理目标的途径和行动方案，是进行科学管理的有效手段；没有计划，管理就会混乱无序。

在管理学上，组织的含义有广义和狭义之分。广义的组织是指诸多要素按照一定方式相互联系起来的系统，狭义的组织是为实现一定的目标，按照一定的目的、任务和形式互相协作结合而成的集团。课程管理的组织职能，从广义上讲是指按照课程建设的目标，协调课程管理中人、财、物、课程信息等因素，形成共同作用于课程目标实现的系统。从狭义上讲是指围绕课程建设的目标，建立一定的课程管理组织机构，确定每个职位的责任和权力，保证职权统一。明确各个职位之间的相互关系和工作规范，使课程建设和管理的相关人员形成协调有序的课程管理运行机制，保证以较高的效率实现课程建设的目标。

（三）控制职能

在管理学上，控制是指管理者为了保证组织目标的实现，对下属人员的实际工作进行测量、衡量和评价，并采取相应措施纠正各种偏差的过程。那么课程管理的控制是为保证课程教学的运行与预定的计划相符合而采取的管理活动。

课程管理的控制职能主要是对课程编制、课程实施、课程质量等方面的控制。课程编制的控制是尽可能在编制时考虑课程实施所必须具备的各种条件和资源的满足情况，保证课程管理者和实施者的数量和素质均达到一定的标准，保证经费投入，保证教学设备的数量和质量符合规定的要求等。课程实施的控制是对课程的实施情况进行现场观察、监督、检查，发现偏差，及时纠正。课程质量的控制是将课程实际结果与预期的目标要求、质量标准进行对照，发现缺陷，做出分析评价报告，及时予以修改，并据此指导今后的实施工作。所以，在形成一个完整的管理控制反馈系统的前提下，课程才能围绕既定目标有效运行。

另外，课程管理除建立行政系统外，还可以建立咨询系统和督导系统，如成立课程管理委员会，来加强课程管理，增强课程管理意识，完善课程管理的各项制度，使课程管理规范化、系统化。

第三节　高校课程管理的原则与意义

一、高校课程管理的原则

高校课程管理涉及诸多因素，是一项复杂的管理活动，只有遵循课程管理原则，才能提高课程管理效果和课程整体质量，才能有利于学生的能力发展。高校课程管理必须坚持以下基本原则。

（一）人本管理原则

在课程管理过程中，坚持人本原则，即充分体现以教师为本、以学生为本。师生是课程管理中的两大群体，教师具有专业知识，并与学生有着直接联系，对课程的影响极大。因此，我们要通过良好的课程管理，给予教师更多的课程决定权和责任，充分调动广大教师的积极性，参与课程开发、课程编制、实施和评估反馈等环节，促进教师的专业成长与专业发展。此外，还要尊重教师，积极采纳和妥善处理他们的观点、意见或建议。

尊重学生的主体性。让学生主动地、自由地发展是教育现代化的要求。高等教育的目的是实现学生的全面发展，而且课程的整体功能在于激发学生参与学习活动的主动性，促进学生综合素质的提高。所以，在课程管理过程中必须坚持以学生为本。以学生为本主要表现在以下几个方面。

第一，在设置课程、组织教学内容时，既要考虑学生身心特点和发展情况，又要考虑学生兴趣爱好和就业需求，还要考虑学生未来的生活。因此，设置的课程结构、组织的课程内容要与学生身心特点和发展情况相符，并适当地增加课程内容的探索性、研究性，促进学生身心和学习向高一层次发展；为学生提供丰富多样的课程和课程内容，且适当开设一些社会化的课程，以满足学生兴趣爱好、能力发展需求及就业择业需求，以适应社会发展的需要。

第二，要积极实施并推进本科生学习导师制和专家督学制，对学生课程选读、学习目标、学习态度、学习过程和学习方法等方面进行具体指导。

第三，要加强对课程反馈信息的管理，完善课程信息反馈制度。一是及时将课程综合评价结果、课程开设与调整信息反馈给学生，使学生对各专业课程有整体的了解。有助于学生选择专业和课程，制定学习计划、选取学习策略与方法。二是将课程学习过程中的问题反馈给学生，使学生及时纠正和解决问题，适时地调整学习和发展方向，改变学习策略。

总之，坚持以人为本，通过实现有效的课程管理，促进课程教学质量的提升和学生素质能力的提高。

（二）层级管理原则

校、院（系）两级管理的层级管理体制为高校普遍采用。在两级管理体制中，主要以院（系）管理为主。学校管理与院（系）管理相比，是一种从整体上把握的宏观管理，应以目标管理为主，制订教学计划、课程建设与课程发展规划，统筹协调课程运行及监评课程质量等是其管理工作的重点。院（系）管理与学校管理相比，是一种微观上的把握，应主要以过程管理为主，贯彻执行学校教学计划和课程计划，加强课程实施的过程管理与质量监控等是其管理工作的重点。这样形成校、院（系）职责明确，分工协作，协调一致的课程管理工作运行机制，共同为提高课程整体质量和学校办学质量服务。

（三）科学化管理原则

在管理过程中，课程管理与其他管理活动一样，管理者不能单凭知识和经验来实施管理，必须遵循科学化管理原则，即课程管理必须符合

科学规律，遵循科学规律，根据客观事实，选择和运用适当的科学管理方法、先进的管理技术与手段，实现有效的管理。科学的课程管理，比如监控学生的学习质量，如何使学生通过课程学习，完成课程目标规定的要求，学有所获、学有所成，促进自我发展、促进能力提高。质量的监控需要学校、院（系）层级管理的合理安排，运用科学、合理的方式或手段去把握和实现。教师实现角色转变，成为学生学习的伴奏者与促进者，在与学生的互动创生中不断提升自身能力与素质。进行科学的课程管理，能调动教师的积极性，促使教师工作到位。另外，各种资源如何合理有效利用，也需要进行科学的课程管理。

（四）灵活性管理原则

课程管理还应坚持灵活性管理原则。因为课程管理的内容比较复杂，而且处于不断运动与变化之中。这就要求管理者在实施管理过程中要把握灵活性管理原则，用发展和变化的眼光看待问题。在动态中把握事物发展变化的规律，给管理工作留有可调节的余地和空间，使管理工作保持一定的弹性，能够根据内外部条件和各种情况的变化做出相应的调整，提高其应变性和适应性能力。在课程管理活动中，有效地贯彻灵活性原则，力求使整个课程管理系统具有适应环境变化的应变能力，即整体适应性。

（五）目的性原则

目的是行为的先导，规定着行为的方向和价值，并贯穿行为的整个过程。目的性原则，是指导高校课程管理的总的原则，一切配置行为都是围绕着学校建设的总体目标进行的，从而为实现学校整体发展目标服务。

高校课程管理的目的性原则，集中表现为以下两层含义。

（1）要根据明确的目标指向来配置高校的各类课程资源。比如，作为高校在进行课程管理时，不仅要根据不同学生的不同需求和学习特点来设置课程，还要考虑地方社会政治、经济、文化建设的多元化需求。

（2）所有的目标必须有相应的课程资源来对应。这要求决策者对学校建设目标系统中的各个大小目标有个清晰的认识，以此建立最优的资源配置方案，提高课程管理的科学性。

（六）系统性原则

将高校课程管理看作是一个复杂的系统，该系统是由多个子系统构成的，作为这些子系统的课程要素包括教师、学生、教学环境、课程管理及课程评价等多个方面。坚持课程管理的系统性，有利于充分发挥各个子系统的整体功能，实现整个系统的总体目标。

高校课程管理在进行资源配置的过程中，要坚持系统性原则。首先，要对课程资源的各个构成要素建立充分的认识，了解它们的具体特性及其作用功能，只有这样，才能有的放矢地合理配置课程资源，保障每个课程要素都能发挥最大功效；其次，不同课程要素之间是互相联系、相互契合的，具有不同的组合方式。如何对这些不同的课程要素进行多样化组合，需要考虑不同学科、不同专业、不同课程的特点及发展要求，这样才能保障课程资源整体功能的发挥以及课程活动的有效实施。

（七）协调性原则

协调就是要配合得当，和谐一致，尽量减少矛盾，将消耗降至最低程度。在当前高校课程资源相对紧缺的情况下，为了适应高等教育大众化的发展进程，高校在进行高校课程管理中必须坚持协调性原则，以最大限度地实现高校课程资源的公平配置、协调发展。

高校课程管理的协调性原则，包括两个方面：①外部协调，主要是指高校内部课程资源的配置必须与当地经济社会的发展要求相适应。高校办学定位、人才培养模式等的确定，要考虑当地的实际发展需求。在依托当地资源办学的同时，也要积极主动地为当地社会的发展提供服务。②内部协调，主要是指校内课程资源在不同院系、不同学科、不同专业间进行配置时，必须兼顾效率与公平。在坚持效率的同时，提倡合理竞争；在考虑公平的同时，要关注投入与产出。

（八）可持续性原则

“可持续性”就是要求资源的可持续利用，不能只顾眼前利益，而不顾长远利益。而高校是非营利性的社会公益组织，不能只顾效益而不顾成本。

高校在进行课程管理时，必须坚持可持续性原则，既要满足高校当前的发展需求，又要考虑高校长远发展的需要，以保障课程资源的可持续性利用。高校的各类课程资源，如教室、实验设备、教学仪器、图书资料、专业教师等，都处于持续使用、不断消耗的过程中，它们并不是取之不尽，用之不竭的。为了高校的长远发展，一方面，要切实提高现有资源的利用率，通过加大对课程管理的监管力度，实现资源共享等方式，尽量减少不必要的资源浪费和重复建设；另一方面，必须合理开发利用高校的各类课程资源，实现资源的补偿和再生，避免枯竭，从而保障高校的可持续性发展。

二、高校课程管理的意义

进行科学有效的课程管理对实现高校的教育目标、学生自身发展的目标和确保整体课程质量，意义重大。

（一）加强课程管理能够保证课程实施的顺利进行

课程管理的效果关系到课程实施的成败。课程实施是将课程计划、方案付诸行动的过程，是实现课程预期目标的基本途径。从课程计划、方案到取得实施效果的过程中，要对影响课程实施的诸多因素不断进行组织与协调；根据反馈的信息和总结的情况，要对课程计划、方案适时进行调整与修改；对出现的问题和偏差及时进行解决与纠正，以便充分开发课程资源，有效地整合和利用课程资源，保证课程实施的顺利开展，保证课程目标的实现。而这个过程中所要做的工作正是课程管理的主要内容、主要任务。因此，课程管理是课程顺利实施的关键，是课程实施取得成效的重要保证。

（二）加强课程管理有利于教师素质和专业化水平的提升

教师是课程实施的主体，教师的素质和专业化水平对于课程的顺利实施、课程预期目标的实现有着重要影响。研究和实践表明，专业自主是教师专业化发展的本质要求与必要条件。教师专业自主是指教师在专业发展中主体性地充分自我实现，教师是否拥有相当的自主决策的权利，是学术自由和教师专业的一部分，也是衡量教师专业化水平的一项重要指标。教师参与课程决策、课程实施与课程管理是提高教师素质和专业化水平的重要途径之一。让教师参与课程决策，教师会积极思考如何为课程方案的制定提供有效信息，如何使课程方案制定得更科学、更合理；也会对课程方案有更深入的理解，有助于他们更好地实施课程方案。教师进行课程实施、参与课程管理，实质上是在进行着一种创造性劳动、一种课程变革。因而教师就会根据课程方案，全面系统地考虑影响课程的各种因素，对自己的思想和行为、教学目标与内容、教学方式与方法进行调整。也会根据教学情境，对课程方案进行调整和改革。教师的素质和专业化水平就是在这种专业性实践中养成和提升的。所以，加强课程管理，充分发挥教师的专业自主权，激发教师参与课程变革的专业性实践的积极性，不断丰富教师的专业知识，提高教师的专业技能，促使教师不断反思、研究自己的工作，创造性地开展工作，增进专业自信力。

（三）加强课程管理以提高课程的适切性

目前，我国课程管理权不断下移，给了学校足够大的管理空间，充分调动了学校课程管理的自主性和创造性。其主要目的就在于增强课程的适切性，更好地为育人服务。高校有了课程管理自主权后，应鼓励教师积极开发校本课程。开发校本课程一定要根据学校具体情况，充分挖掘和利用学校所在地优势和学校自身资源；尊重师生个体差异性，正确对待差异；重视学校自身特色及其发展；同时也要注意学科知识的系统性、科学性与逻辑性，以确保课程教材的学术性。校本课程，是课程管理权再分配的结果，它可以照顾到国家、地方课程体系难以照顾到的学

生的差异性和层次性，增强课程对不同地区和学校发展的适应性。加强学校课程管理，充分合理地利用、协调和调动各种课程资源，为教师充分地、准确地理解课程意图提供帮助，为教师间、师生间交流搭起桥梁，为师生参与课程发展给予机会，为教师个性化、创造性地实施课程创造条件。国家在尊重地方和学校课程管理自主权的同时，应加强对课程实施与管理的指导，完善资助地方和学校课程管理的措施，加强国家层面的课程管理。

（四）加强课程管理以优化教学计划

教学计划可以理解为教授课程的计划，但这里的课程应是广义的课程，包括显性课程、隐性课程和社会课程等。各自独立的课程是教学计划的一个个“点”，有它独特的价值，在学生培养中起着一定的作用。通过课程管理，使各课程的地位和价值更加清晰，作用与意义更加突出；淘汰过时的课程，增加受学生欢迎的课程，从而使教学计划修订进入良性循环。

第四节　高校课程管理创新与发展的策略

一、增强课程管理意识

增强管理人员的课程管理意识，具体来说，可以通过以下方式进行。

第一，纠正管理者的思想偏差，提高其思想认识，改变以往完全自上而下执行国家教学计划、教学大纲和教材编订的做法。在人才培养过程中，要自觉地、积极地面对社会需求，认真设计人才培养总体方案，及时制定和调整培养目标，慎重选择和组织课程内容并精心组织课程实施；要认识到课程开发者不仅仅是课程专家和学科专家，教师也是课程决策和课程管理的参与者，是课程的开发者。

第二，利用学校的报纸、网络等媒体宣传课程管理的重要性，介绍课程管理理念及课程管理的有关知识，营造一种关心课程管理、关心学生成长的良好氛围。把课程管理理念转化为实际行动，主动进行课程管理，增强课程管理意识，明确课程管理内容，使课程管理与课程改革、人才培养模式改革相互协调、相互促进。

第三，通过讲座、研讨、专题研究等形式，加强课程管理原理、知识和技能的培训，提高解决课程管理问题的能力。

第四，赋予课程管理者更多的管理权力和责任，使其更多、更主动地参与课程计划或开发管理，课程编制管理，课程实施和评价反馈管理等环节。及时发现并解决这些环节中出现的问题，让课程管理者领会课程的生成性、实施的情境性，为课程有效地实施积极创造条件。在实践中增强其课程管理意识，因为主动参与社会实践活动是人的意识的重要标志。

二、深化课程管理理论研究

在课程管理过程中，如果仅凭积累的知识和经验来实施管理具有很大的狭隘性和局限性。必须通过科学的理论来做指导，才能达到更好的课程管理效果。

没有理论作指导，课程管理工作会陷入盲目，不可能取得高效。因此，必须深化课程管理研究，促进课程改革的深入和课程管理的科学化，使课程理论不断走向成熟。

对课程管理进行理论研究，必须弄清楚课程管理的基本领域和课程管理独有的研究领域。课程管理研究的基本领域主要包括课程生成性系统、课程实施系统和课程评价系统管理。然而，传统课程管理因为注重实效性，往往偏重课程实施系统管理和课程评价系统管理，致使课程生成性系统管理的研究成为我国教育理论研究领域的一个空白，而它却是课程管理中最基本、最核心的问题。现在一些学者开始对课程生成性系统管理进行专门研究，并取得一定的成果。另外，我国课程管理研究者

的研究应与实践相结合，由重基础理论研究转向应用性研究，加强对应用过程中管理原则、操作规范、方法和技术的研究。在深化课程管理理论研究的同时，要把研究成果运用于课程管理实践，理论的深化和发展也需要实践的检验与支撑。我们应做到理论与实践相结合，及时发现并解决课程管理过程中的具体问题，使课程管理理论更好地指导课程管理实践，从而进一步丰富课程管理理论，不断提高课程管理水平。但值得注意的是，课程理论与课程管理理论之间有交叉的地方，不过二者有着各自的研究对象和研究领域，不能将二者等同。

三、健全课程管理体制

课程管理体制的建立是课程管理规范化的表现，关系到课程改革的全局。因此，必须建立科学合理的课程管理体制，促使课程管理系统有效运转，促进课程的改革与发展，提高课程整体质量和人才培养质量。

目前，课程管理权逐步下移，初步实现了高校课程管理自主化，学校在课程管理方面不像过去那样机械地、被动地接受上级的命令，执行上级的安排，拥有了很大的发挥空间。可以根据教学需要，自行制定教学计划、编写和选用教材、组织实施教学活动等。虽然如此，但我国的管理体制基本上是国家、地方、学校三位一体的管理体制，国家与地方管理基本属于宏观管理，学校管理属于微观管理。学校管理又分为学校与院（系）两级管理体制，则院（系）二级管理层对课程的管理更贴近实际。

我们要深化分级课程管理体制改革，明确政府、高校及相关部门的职责和权限。政府应发挥主导作用，一方面要将课程管理权重新分配，确保高校课程管理的自主权；另一方面既要增强政府的宏观调控作用，并设置相应的中介机构，承担主要的协调任务，同时还要突出政府的服务、督导作用，弱化监控职能。学校要健全校院（系）课程管理体制，对课程生成、课程实施、课程评价的管理做出明确规定，建立民主科学的课程编制管理制度，请课程专家、教师、领导、学生甚至家长参与课程设置标准、教学计划、教材及相应的课程资源材料等方面的编制；建立富有柔性的课程实施管理制度，以适应不可能完全按部就班进行的、非常复杂的课程实施过程；建立完善的课程评价管理制度，及时发现课程方案、课程实施中的问题并进行调整和完善。另外，要明确教师的课程实施权、课程创设权、师生共同参与权，对教师、学生参与课程发展的权利从制度上给予明文规定；要根据上级政策和自身实际对校本课程的开发、计划、实施、评价及与之相关的因素进行有效的管理。值得注意的是，强调学校与院（系）两级管理，绝不能忽视国家与地方的宏观管理；强调学校与院（系）两级管理，要避免课程管理由中央集权变为学校或教务处集权，协调好各种关系，充分调动教师、课程管理者、学生等各类人员参与课程管理的积极性与自觉性。

四、实现课程管理手段多样化

课程管理的成效有赖于课程管理手段的选用，只有如此，课程管理主体才能作用于课程管理客体。为提高管理的效益，必须实现管理手段的多样化，进行灵活的课程管理。一方面，要发挥行政管理手段的长处和优势；另一方面，要改变我国以单一的行政手段进行课程管理的局面，减少行政命令，采取多样化管理手段，选用适当的科学方法和先进的技术手段，加强其服务和咨询作用，进行有效的管理，促进课程管理民主化。如充分发挥考试和监督在课程管理中的作用；引入并加强技术咨询与服务手段；注意使用指导、民主、共同参与管理手段；运用调查、统计、测量等技术手段分析、解决管理中出现的问题；恰当运用经济和市场手段；等等。

五、促进课程管理民主化

实现课程管理人员多元化，特别是要让教师、学生参与课程管理，促进课程管理民主化。课程通过教师才能最终为学生所接受，教师是课

程的创造者、实施者、研究者，他们有着教什么、怎么教的决定权。课程是否为学生所接受，除了教师教得如何外，还在于课程能否满足学生的兴趣爱好、就业需求，能否有益于学生的个性发展、能力提升。因此，理应给予教师和学生课程管理的权力。他们是课程管理的对象、课程管理服务的对象，又是课程管理的重要主体；有师生参与课程管理，对课程的监督会更加到位，课程管理会更有成效。除教师和学生外，还应请相关专家、学者参与课程管理，有利于课程管理工作更好地开展。

六、优化课程管理队伍

为提高课程管理的整体效益，必须解决课程管理队伍问题，优化课程管理队伍。

首先，要实现高校课程管理人员多元化，注重学科专家、课程专家、教师、社会人士及学生的参与，打破传统的上级行政单一化管理的局面，对课程实现全方位的监督，极大地促进高校课程管理质量的提高。当然课程管理整体效果的实现还需要管理人员之间的沟通与协作。

其次，高校课程管理不同于行政管理和企业管理，而是有很强的学术取向。所以真正有效的课程管理队伍，应该以那些具备扎实文化功底，丰富的哲学、管理学知识储备，能够熟悉课程的生成、实施和评价的原理及方法的专家为主。只有建设这样的课程管理队伍，才有利于课程改革的不断推进。

最后，应重视课程管理队伍建设。参与管理人员的能力与素质高低影响课程管理的效果，依据能力不同实行管理的层次化。在大力提高教师专业化水平的同时，高校还要提高课程管理人员的专业化水平。把加强管理队伍建设纳入学校建设规划，建立常规的培训、培养制度，进行专门培训。通过培训，促使课程管理者形成正确的教育思想和科学的管理理念，增强课程意识，提高对管理过程的理解能力、实践能力和驾驭能力，掌握专业化的管理与服务的方法与手段，如召开课程委员会会议法、课题研讨学习法、调查访问法和日常观察法等；加强技能培训，如进行课程调查分析、健全课程管理制度、组织课程评估等方面的技能，如计算机网络操作应用能力培训，使他们能熟练地运用计算机联网集中处理信息，提高工作效率。课程管理者在工作中，要勤于思考、善于总结、深入研究，不断提高管理水平，决不能停留在单凭知识和经验解决问题的管理水平上，更不能将高校课程管理工作等同于一般的行政管理工作，只照章办事。

七、创新课程编制

（一）综合定位课程目标

1. 依据职业岗位需求定位

一般来说，课程体系总目标是从宏观层面确定专业人才培养的方向，同时也为专业核心课程目标的确定提供依据。例如，旅游高等教育作为培养专门旅游人才的重要途径，其课程建设中的总目标自然是培养具备胜任旅游专业工作岗位所需的职业能力的优秀复合型人才，同时还要兼顾不同的岗位对人才的职业能力需求各有不同的现实状况。针对本科旅游管理专业人才输出对应的主要是旅行社、旅游规划公司、文旅集团、旅游酒店等的核心岗位，旅游院校应针对旅游企业、旅游酒店、旅游科研院所以及其他旅游集团分别设置课程目标，并考虑不同的专业核心课程要根据不同的目标培养学生不同的核心岗位能力。只有保证旅游管理专业的课程目标与岗位需求相一致，才能针对行业的职业岗位需求精准地输出人才，增强学生的就业竞争力。

2. 依据学生发展需求定位

由于课程建设的受众是学生，故在设置课程目标时在一定程度上应该考虑受教育者个人的发展需求。与此相矛盾的是课程目标多根据政府规范性文件或行业发展需求制定，更多强调统一性和协调性，较少考虑学生个人发展需求。大学生的个性鲜明，学生的学习目标和学习需求各有不同。因此，课程目标的设置应该考虑到学生本身的个性化发展需求，为学生的多元化和全面化发展提供条件。具体来说，需要做到两

点：第一，结合学生的职业规划、就业意向或发展方向将学生群体进行分类，并分别设置不同的课程目标；第二，实施自主选课制度，由学生根据自身特点和条件选择课程，进而增强个性化课程目标的实现效果。

3. 依据学科、学校和地域特色定位

虽然课程目标是学生经过一个阶段的系统学习后所要实现的具体目标，但学生对目前的课程目标并不十分满意。现有目标定位模糊、缺乏学科和地域特色，各个高校的课程目标整体上来看大同小异，导致学生培养和学校发展的同质化现象严重，人才培养和办学竞争力低下。因此，高等院校应该结合自身特点，充分发挥各自办学优势，以实现高校课程目标的特色化。一方面，不同院校可以结合自身办学特点和学科背景，将相关学科的优势资源引入课程教学中，如北京第二外国语学院的语言类学科背景、东北财经大学的财经类学科背景等都可以应用于专业人才培养中；另一方面，不同地域的院校可以结合所在区域的文化特色和区位条件，制定特色化的课程目标，如沈阳师范大学地处沈阳，可充分利用沈阳故宫、张氏帅府等景区资源条件，完成学生的特色化课程目标设置，以提升学生的综合素质。

（二）精心凝练课程内容

1. 实现新旧知识融合

高校各类专业课程内容陈旧、缺乏创新一直是教育界面临的重要问题。虽然各个院校针对相关问题做出了改进，但“知识更新速度远低于行业发展速度”的问题仍旧存在。基于此，要想保证课程内容的前沿度，应该从以下三个方面着手。

第一，从教师的层面，应及时关注和搜集相关专业的最新消息和前沿动态，并融入日常的课程教学内容之中，形成动态的课程内容更新机制。

第二，从学生的层面，要积极利用信息化时代的便捷学习工具，通过网络或其他途径及时掌握行业发展的最新状况，并将线上与线下学习内容有效融合和把握。

第三，从教材的层面，作为课程内容的要素之一，教材也应该及时更新，将书本教材与电子教材相结合，以满足学生的全面发展需要。

2. 准确区分重点难点

课程内容的难易程度直接影响着学生的学习情绪和学习结果。然而，当前高校专业的课程内容设置却存在重难点模糊或表面化的现象。许多专业课程对重点难点的划分主要是根据教材、教师或学科的整体要求，而未充分考虑学生的需求和行业发展的需要。因此，为了改善这一现状，应该根据高校专业课程的特点，准确区分各门课程的重点和难点。具体来说，教师要根据课程难易程度进行区分性教学，对重点难点内容进行详细讲解，对一般知识内容进行简要讲解，进而使学生明确课程学习的重点；教师在课程评价过程中针对不同难易程度的知识点采用不同的测评或评价方式，以保证学生能够较好地接受和掌握。

3. 紧密联系行业实际

大学生对课程内容是否实用比较关注，而高校专业课程缺乏实用性也一直是各个院校面临的难题。因此，紧密联系行业实际，提升高校专业课程内容的实用性已经刻不容缓。一方面，可以加强理论课程的整合，提炼出专业的核心内容。有效的课程整合不仅能够使教学资源利用最大化，同时精选课程内容也能够使学生的学习达到最优化。另一方面，可以加强理论课程的实训内容，即通过情景模拟、布置任务或实物演示等方式让学生参与体验，将所学理论转化为实际所需技能，进而为未来就业奠定基础。

（三）调整优化课程设计

高校专业课程的开设顺序、各类课程的比例和各学期的课程数量设置仍存在问题。因此，有必要就课程比例、课程数量以及课程开设顺序等方面存在的问题予以优化。

1. 合理划分课程类别比例

目前大多数高校都以公共课与专业课、必修课与选修课、理论课与实践课为分类标准。其课程设置基本呈现“金字塔”式的结构特征，即

公共课门数少、课时量大，必修课和理论课较多，实践课较少，选修课门数较多但课时量和选课数受限制，这就造成了学生的学习“泛而不精”和“学而无用”的问题。因此，有必要进一步协调各类别课程的比例，使课程设计更加均衡合理。首先，就公共课与专业课来说，应适当整合缩减公共课程的课时，为专业基础课、核心课留有充足的时间；其次，就必修课与选修课来说，专业必修课是为学生的长远发展奠定理论基础而设置的，专业选修课则是为学生的个性化发展服务，因此，要适当加大选修课的比例和学生的可选课门数，以促进学生的身心全面化发展；最后，就理论课和实践课来说，要在现有课程的基础上增加实训课程的比例，创新课程实训的方式，同时调整专业实习的时间，按照课程特点设置不同岗位、不同形式的实习，以达到“随学即用”的效果。

2. 精心规划学期课程数量

均衡的课程比例对课程设计具有重要作用，但目前大多数院校公共课和专业必修课所占课时较多，忽略了专业选修课和实训课程的比重。因此，未来各院校应该对课程数量安排进行调整，增加专业选修课和实训课程的开课比例，而不是将其作为公共课程和专业必修课程的辅助。公共课方面，可适当缩减政治与体育课程数量，增加计算机与英语课程；专业课方面，可压缩整合必修课程，“找核心，讲重点”，将有限的课程利用得更加充分。同时增加选修课科目数和总体数量以及学生自主选择的权力；实训课方面，可结合该门课程的实际需求，在理论课结束后即时开展实训课程，以便加强学生的理解和运用能力。

3. 科学设置课程开设顺序

合理的课程开设顺序是课程取得良好效果的保障，这就要求课程的开设顺序要以学生的心理发展规律为前提，遵循课程内容的逻辑顺序。一般遵循“由简到繁、由抽象到具体、由理论到实践”的规律，循序渐进地进行课程的设置与实施。具体来说，大一年级设置政治、英语、体育等公共课程和专业的基础课程，大二设置理论性较强的专业课程，大三则设置实践性较强的专业课程，同时大二大三穿插相应的专业选修课程，或根据课程需要进行短期实习，大四则主要为实践性课程，包括毕业实习、论文撰写等。只有这样，才能使课程设计整体更具合理性和科学性，进而保证课程管理的质量。

第五章

高校"以生为本"的教育管理实践研究

第一节 "以生为本"教育管理理念的理论基础

一、"以生为本"教育管理理念的时代内涵与价值特征

（一）"以生为本"教育管理理念的时代内涵

"以生为本"作为新形势下高校素质教育的前沿教育内核，是对"以人为本"的继承和在教育管理工作方面的深化发展，更是新时代的高等教育从传统的"唯分论"和"填鸭式"的知识性教育向"全方位""全过程""全员"育人的发展性教育的转变。"以生为本"教育管理理念的时代内涵解读如下。

1. 从教育观上的解读：主体回归学生

"以生为本"的教育观是以维护和保障学生在教育管理实践活动中的主体地位为基础，以促进学生全面发展为目的的教育管理思想。对"以生为本"从教育观方面进行解读可从词源意上入手，剖析"以生为本"的真正教育内涵。

（1）关于"以生为本"的"生"字的解读

当前，"以生为本"的"生"字被解读为学生、生命、生长等，但其落脚载体即为学生，最终目的都是为了彰显学生主体地位，发挥学生主体作用，促进学生全面发展。

（2）关于“以生为本”的“本”字解读

“本”是一个名词，被解读为根本和本体两种含义，二者具有本质区别。首先，“根本”作为名词可解释为事物的根源或最重要的部分，那么以学生为本即将学生作为学校教育管理实践中最重要的部分。其次，“本体”是德国哲学家康德唯心主义哲学中的重要概念，指与现象对立的不可认知的“自在之物”。辩证唯物主义否认现象和本体之间有不可逾越的界限，认为只有尚未认识的东西，没有不可认识的东西。那么，“以生为本”即本体为学生。学生是现实、客观、具体存在的，是具有自我意识和思想的生命个体，是独立于教师的头脑之外，不依教师的意志为转移的客观存在。

2. 从价值观上的解读：一切为了学生

（1）“以生为本”重视学生的本体价值

“以生为本”把学生看作学校生存和发展的根本。认为“以生为本”的理念就是要把“一切为了学生，为了学生的一切，为了一切学生”作为推动学校各项工作改革的动力之本。董泽芳、彭湘韧等学者认为“以生为本”理念的“本”之意蕴即为“根本”，他们认为学生是教育存在和发展的根本，学校的一切工作都围绕学生而展开。正是因为有了学生求知的现实需求，才衍生了教育并发展成学校集中式的教育。而一旦否定了学生这一因素，那么也就无所谓学校教育了。综上所述，学生在教育管理工作中处于根本性的地位，只有坚持以学生的具体现实需求作为一切工作的方向，才能更好地发展教育事业。

（2）“以生为本”肯定学生的个体价值

学校办学必须实现学生培养的生本化和个性化。“本体”即学生本体。学生是现实、客观、具体存在的，是具有自我意识和思想的生命个体，是独立于教师的头脑之外，不以教师的意志为转移的客观存在。但是学校教育管理的服务对象又是一个个独立存在的人，不能脱离学生的个体而空谈教育。因此，在学校的教育管理工作中必须充分地重视学生

的地位，在大学生的教育管理工作中充分地挖掘学生的潜能，提供相应的发展平台，引导和鼓励学生发挥主观能动性，促进学生个性发展，从内生动力和外因驱动双管齐下助力学生发展。

(3)“以生为本”尊重教育管理者的劳动价值

在以全面提高人才培养能力为高校办学核心点的背景下，于 2018 年 9 月 10 日召开的全国教育大会中明确了教师的定位和时代任务，将教师定位为人类灵魂的工程师和人类文明的传承者。其时代重任为“三传三塑”即“传播知识、传播思想、传播真理，塑造灵魂、塑造生命、塑造新人”，并首次将教育定位为“国之大计、党之大计”。教育管理者作为生本教育管理的践行者，就必须尊重教育管理者的劳动及其劳动成果，以学生为本也并非否定教育管理者的价值而片面地搞“一刀切”。

3. 从伦理观上的解读：高度尊重学生

在“以生为本”教育管理实践中，教育管理者必须高度尊重学生，这是生本教育管理的本质和基本原则。郭思乐教授曾指出“从内部了解学生，是使我们认识学生可以被尊重的理由；从外部认识学生，是了解学生所处的地位，认识学生必须尊重的原理”[①]。为此，对学生的尊重应从内部和外部两方面进行探索和认知。

(1) 内部顺应学生的学习天性

首先，学习是人类自身发展的需要。学习是“一种生物学特性”，“是人类 50 万年的进化发展中产生和发展着的特性，是大自然用基因和 DNA 保留在我们细胞中的信息”[②]。人类社会的认识源于社会生活中的实践，正如郭思乐教授认为的“基础知识的外延就是生活的外延”[③]。其次，人类发展所面临的不确定性促进了人类学习的必要性。在自然世

① 郭思乐. 教育激扬生命：再论教育走向生本［M］. 北京：人民教育出版社，2018.

② 郭思乐. 教育激扬生命：再论教育走向生本［M］. 北京：人民教育出版社，2018.

③ 郭思乐. 教育激扬生命：再论教育走向生本［M］. 北京：人民教育出版社，2018.

界的运行中，所有事物都受到相应条件的限制，具有其自身的规定性。但是人能够顺应规律，并在社会实践活动中认识规律并运用规律，让自身跳出自然景观中一个景物的单一桎梏，蜕变为“自然景观的塑造者”，正如郭思乐教授曾认为的“这种未确定性，表明了人类的学习、思维和创造是先天的规定性”①。最后，主体的主动促进效率的提升。教育管理者知识性灌输所导致的“减法”思维与阻碍学生主动探索的割裂思维都不能让学生的学习天性进行保持，唯有以促进学生进行知识性领悟“乘法”思维和不“打岔”学生探索的整体思维进行引导才能更好地促进学生发展。因此，我们应该尊重学生，让学生能够以顺应自然规律的方式促进自身的全面发展。

（2）外部适应学生的独立性

学生的独立性表现在生命和精神两个维度上，除了物质生命的独立性之外，人的独立性更表现在精神生命的独立性。人的精神发展具有二重性，一方面是作为自然个体与生俱来的发展趋向。正如有的人天生就具有音乐天赋，具有与生俱来的好歌喉，也有人天生对色彩敏感，致力于绘画等方面的钻研。学生作为自然个体，有其自身的独立天性。另一方面是作为社会人适应社会的发展动机。在社会化进程中，学生的发展不可避免地受着外界的影响，具体表现为行为的不得已和动机的社会化。在学生的发展过程中，总是在被不断“指正”，总是在被试图改善。教育管理者甚至是父母更多的是关注到学生或孩子的缺点、不足，很少能够强调和关注到孩子本身的聪明才智。导致学生在重重“指正”下不得不放弃自己的想法，抹杀自身的“独特的内部自然”，正如郭思乐教授提出的“独特性，不仅是教育教学的民主的必须，从更深层来说，也是他们认知事物和保持敏锐的需要”②。当然，社会的人从儿童开始本身所具有的竞争心和功利心随着时间的推移和社会对其自身的影响也会

① 郭思乐. 教育激扬生命：再论教育走向生本［M］. 北京：人民教育出版社，2018.

② 郭思乐. 教育走向生本（第2版）［M］. 北京：人民教育出版社，2018.

慢慢成为学生的外部动机。因此，充分发挥学生的天性，少给予一些一般化的“指教”，多一些适应学生个性化的引导，尊重学生的独立性，也就是最大限度地为学生发展的可能性搭建更为广阔的舞台。

4. 从行为观上的解读：强调依靠学生

“以生为本”在教育管理实践中注重依靠学生可从“资源论”和“生态论”两个维度进行分析阐述。

(1) 资源论

学生不仅是教育管理对象也是一种教育管理资源。在教育管理实践活动中，学生不仅仅是受体，更是重要予体。学生一方面作为“生产自己知识的劳动力”发展着自己。另一方面他也在教育管理实践中运用自己的经验、知识和智慧促进着教育管理者的成长，推动着教育管理活动的展开。“好风凭借力，送我上青云。”我国高校教育管理改革到了攻坚克难的关键时期，在“加快一流大学和一流学科建设，实现高等教育内涵式发展”的背景下，更要借力学生这一“浩然东风”，助力高校教育管理改革蓄势腾飞。

(2) 生态论

建设助力学生全面发展的新教育管理生态。教育管理生态是一种学生发展的条件系统或环境系统。在大学生教育管理实践中，着力营造与学生内部动力相一致的教育生态环境，将情感和认知相统一，实现学生自我发展的和谐。在“以生为本”的教育管理实践中，高校教育管理者作为外因，唯有营造良好的教育管理生态，强调依靠学生自身的力量，注重激发学生的主体作用，才能够更好地促进学生的全面发展。

综上所述，“以生为本”中的“本”包含“根本”和“本体”两个方面，“以生为本”也并非否定教育管理者的价值。高校作为促进学生个性发展、培养学生创新精神和实践能力的改革前沿阵地更是肩负着模范带头的重任。须将学生视为教育管理工作的主体，以学生发展为根本，挖掘学生的潜能。应该坚持主体回归学生的教育观，一切为了学生的价值观，高度尊重学生的伦理观和注重依靠学生的行为观。

（二）“以生为本”教育管理理念的价值特征

“以生为本”在不同的时代、不同的主体下都具有不同的内涵，其时代内涵和现实意蕴都在逐步丰富和发展。由此，“以生为本”在发展过程中具有本体终端性、对象特指性和践行校本性三个方面的特征。

1. 本体终端性

郭思乐教授认为“以生为本”的一大特征就是真正认识和把握学生这个本体，把一切为了学生作为教育价值原则。学生在学校的教育管理活动中处于终端位置并占据着主体地位。教育在不断改革中出现了“知识本体、能力本体、教师本体”等“类本体”，即离开所指事物对象本源和本质的非本体却又易与本体混淆的称为类本体。而作为教育管理工作的设计是为学生的学而设计，非为教师自身的教而设计，学校教育的本质要求和最终追求也都是为了学生的发展，并非为教而教。“以生为本”是治国方针在学校育人的落实延伸。而学校所面对和培养的对象就是学生，学校的主要功能是教书育人，其根本任务是立德树人。“以生为本”是“以人为本”在教育管理中的深化延展，培养出优秀的人才，是对“为什么办学，如何办学和为谁办学”最好的回答。

2. 对象特指性

在大学生的教育管理工作中，教育管理者所面临的对象有着其特殊性。不同时代的大学生都有其自身的特点，当前的大学生的特殊性表现如下：首先，自我意识显著增强。随着年龄的增长和知识水平的提高，大学生的自我意识与其文化素养成正比增长。他们专注于独立思考和自我评价，所以在大学生教育管理中不仅仅要认识到该群体的整体特征，还应注重其个体的差异性。其次，特殊发展需求与特殊行为并存。当前大学生普遍存在着自律性与他律性并存、沉稳性与突发性并存、目的性与随意性并存、独立性与依赖性并存的特点，但是大学教育作为步入社会的职前教育就必须在多学科和专业的前提下，根据学校自身的人才培养目标来对该教育管理理念进行具体运用。

3. 践行校本性

“以生为本”并不是永不改变的理论，它是在尊重学生个体差异的前提下根据学校教育管理的目标和专业特色而具有本土化、校本化、特色化的实践模式。要求在大学生教育管理中教育管理者根据学生的具体性，怀揣着多样化的观点，在多样的思维中引起学生的积极讨论与自觉探索。任何理论都需要在经过本地特色吸收融合后方能展现其功能，生本理论也是如此。“以生为本”是需要最大限度地让学生拥有自主的教育管理方式。在大学生教育管理中，只有将生本理念结合学校的办学特色才能更好地为学生提供发展条件，促进学生的发展。

二、“以生为本”教育管理理念的教育管理诉求

“以生为本”理念在大学生教育管理中广泛推进，旨在促进人的全面发展、强化以育人为中心的价值定位来促进学生的全面发展。

（一）强化大学生自主教育管理模式

在大学生自主教育管理中，应该从以下几个方面入手。

首先，加强大学生对自身的教育管理。当前我国普通高等学校学生的年龄一般在18～22周岁左右，有了一定自我认知能力，作为一个独立的个体，需要加强自身的教育，管理自身的行为。

其次，以班级为单位，加强大学生班级内部的教育管理。班级管理中，要注重班级的思想、组织、制度和文化四个方面的建设。现代班级建设是教育管理微观层面最主要的部分，要想强化大学生的自主管理，就必须坚持设定目标是前提，培养干部是关键，制度建设是保障，文化建设是主线的教育管理策略。细化工作目标，激励学生干部管理服务，强化制度引导和规范作用，以文化建设促进价值观建设以凝聚人心，让文化建设成为每位学生的事情，从而实现自我管理。部分大学生在进入大学后由于缺乏自我教育管理，在学习、生活等方面有所懈怠。因此，学校应联合辅导员、任课教师、班委等对在学业懈怠、作风不良等方面的学生建立预警制度，加强其自我监督、自我发展的能力，并通过帮扶

的方式，让学生找准奋斗的目标，在大学生的教育管理中也应该坚持教育、管理和服务的教育管理模式，以求更好地促进学生的自我发展。

（二）加强大学生课堂中的教育管理

课堂管理是教育管理的核心内容，班级是学校教育工作的基本单位和学生学习生活的基本组织。因此，在高校课堂中加强教育管理应该科学确立教育管理目标，以小组探究等方式加强师生之间的交流，激发大学生的自我管理、自我服务、自我教育和自我超越。

第一，坚持目标导向性原则。以科学的教学目标实现课堂的导向性，让课堂管理者能够沿着预定方向推进，让学生能够以教学目标为导向进行相关知识的预习，更好地完成课堂教育管理的任务。

第二，坚持主体多元性原则。在课堂管理中确立全员参与，主体多元的理念。不能仅仅只是把课堂教学的老师看作管理者，要让学生充分地认识到自己才是管理和学习的主体，独立思考，勇于尝试，经常反思，在课堂的教育管理中作为课堂教育管理者的教师应该充分地运用学生自主探究式、合作讨论式的教育管理方式，让学生能够充分地发挥主观能动性，助力学生自我管理、自我服务、自我教育和自我超越。

（三）深化高校相关行政部门的教育管理

在大学生教育管理中深化大学生的实践培育主要包括日常学生实践活动培育与单位实习培育两方面。高校相关教育管理行政部门应该从以下几个方面深化大学生的教育管理工作改革，加强大学生实践培育，促进学生的全面发展。第一，在日常学生实践活动培育上，团委应该以学生会为抓手，加强大学生日常行为的引导与督促，积极开展有思想、学生感兴趣的教育实践管理活动。第二，教务处与培养院系等相关职能部门应该加强对学生的课程体系与培养方案的合理规划，以理论教育结合实践教育的方式深化大学生的教育管理改革。第三，学生处应该紧密联合培养院系，以辅导员为抓手，加强大学生思想政治教育上的引领和日常教育管理的落实，不断地促进大学生的教育管理改革。

“以生为本”理念主要包含促进大学生的全面发展和强化以立德树

人为中心的价值定位两方面。

1. 促进学生的全面发展

马克思和恩格斯曾经指出：个人全面发展就是全面发展其才能，全面发展自己的一切能力，就是每个社会成员的智力和体力都获得尽可能多方面的、充分的、自由的、统一的发展。教育是为了促进每个个体全面和谐发展的方式，它作为一种促进人发展的途径，不能片面地将教育的人才培养等同于专业人才和职业人才的培养。在“以生为本”的教育管理诉求中，其最终的目标即培养德才兼备、全面发展的社会人。

2. 强化立德树人的价值定位

《中国教育现代化 2035》提出要“以德为先”促进学生“全面发展”。高校作为人才培养的基地，应有所侧重，有所取舍。但是为国家和社会培养德才兼备的人才是高校人才培养的始终导向。

3. 教育管理应该以教育和服务为主

大学生的日常教育管理应该坚持教育与管理相结合，以教育为主。管理与服务相结合，以服务为主。在大学生的教育管理中应该从学生自身、课堂管理者和教育行政部门三个方面为出发点，加强大学生教育管理改革，促进学生全面发展。

第二节　“以生为本”教育管理实践的提升路径

一、厘清“以生为本”教育管理理念的认识误区

当前，“以生为本”理念在大学生教育管理中的应用还存在着很多认识上的误区。譬如在运用过程中偏离了人才培养本源的定位取向、迷失原则底线的学生管理举措、违背责任的教育教学行为等都是对“以生为本”理念在新时期高校教育管理实践中运用的误解。因此，高校在进行人才培养时，必须厘清“以生为本”教育管理理念的认识误区，突出学生的发展，强化育人为本的价值定位，做好服务与管理的协调推进。

（一）坚持以生为本，重视学生发展

当前我国教育正在大力改革，而教育改革取得成功的重要途径就是坚持发展能满足社会需要、适应时代发展需要的教育。很显然，传统的以教育管理者为主体，完全不重视学生主体能动性的教育管理理念阻碍了大学生教育管理工作的改革。而当前一些过分夸大“以生为本”的理念也是不利于学生的发展，应当警惕。

第一，教育管理者应该引导学生树立自主教育管理的意识。大学生作为一个成年人，需要有成年人的意识和担当。在大学生教育管理中，仅仅靠教育管理者的引导和制度的约束是远远不够的。学校通过讲座、周末集中等方式引导学生树立正确的生本意识。首先，教育管理者注重学生尊敬师长意识的引导。在学校接受教师传授知识，管理者的管理是作为学生在校期间所应尽的义务。不应该把自己定位为“消费者”，将一切看得是理所当然，而过于放纵自己的行为。其次，教育管理者应注重大学生对自身负责意识的引导。在生活、学习等方面遇到自身无法解决的问题时，应该主动与相应的教育管理者取得联系以获得帮助。只有从自身这一终端上保持与相应教育管理者的联系，树立了正确主动的意识，才能更好地让教育管理者服好务、把好关。

第二，作为课堂教育管理者的教师需加强对学生行为的引导。“以学生为本”并不是否定教师的价值，放纵学生的行为。当前大学生管理中，部分教育管理者对“生本”的认识存在偏差，过分地夸大了学生的主体作用。因此，生本不是放纵学生，教育管理者应该有立德树人的正确生本意识，不能放纵学生。

第三，学校教育管理行政部门工作人员应该尊重学生的主体地位。首先，树立精准服务意识。高校教育工作者应该了解学生的现实需求，变“端菜”为“点菜”。从教育、管理、服务三个维度中搭建平台，推动大学生自主教育管理，充分发挥学生的主体性。其次，树立精准施策意识。相关教育管理者应该了解当前大学生的心理、行为等特征，对学生要加强引导，注重学生发展。学生的成长是内在因素和外部引力共同

作用的结果。高校教育管理者需要不断创造条件，激发学生的主观能动性，促进学生自我完善，自我发展。

（二）坚持服务与管理协调推进

服务决定管理，管理推动服务发展。管理与服务是辩证统一的关系，不能割裂二者之间的联系。在大学生的教育管理活动中，为学生提供服务并非将原来“师本教育”中师生之间的地位进行颠倒，而是改变原来“服从与命令”的对立关系转而向平等、尊重的友好关系转变。教育管理者应该明确自己的定位，既要抛弃传统教育中独裁者的身份，又要走出当前过分夸大学生作用而忽视教育管理者价值的阴影。教育管理者应该以身作则，变成学生发展的领导者、指引者和督促者。

在服务和管理中也要注重班级整体与学生之间的关系，着眼于班级整体规划，着力于个人成长发展，推动班级整体和学生个人共同发展。整体和部分二者之间是不可分割的，二者相互影响。部分在一定程度上也限制、制约着整体的发展水平，甚至关键的部分还会对整体的发展起决定性作用。在班集体管理中，如果每个学生（部分）形成非常合理的整体结构时，整体的功能将会以最优的效能影响着每个个体。所以整体和部分的辩证关系要求我们要着眼于整体，着力于局部。要学会优化结构搞好局部，使整体功能得到最大发挥。首先，着眼于班上每个同学的发展。班级的整体建设应该落实到每个学生肩上，面向全体学生，而且要注重学生的差异化发展。其次，学生干部的培养。在班级有效管理中，培养团结互助、综合素质高的学生干部是建立教育管理者与学生桥梁的有效手段。从马克思主义哲学整体和部分的辩证关系看，“关键部分有时候会决定事物的发展”①，不能忽视。而学生干部在大学生教育管理中就是起着关键作用的重要组成部分。

---

① 姜新．教育哲思明师之路［M］．杭州：浙江大学出版社，2014.

二、优化人才培养模式，促进“师生”互动交流

在优化大学生人才培养模式，促进教育管理者与学生之间互动交流的前提下，应该坚持“以生为本”的教育管理理念。大学生的教育管理工作必须创新服务方式，优化人才培养模式，提高教育实效性。坚持以信息通畅为基础，以完善人才培养方案为保障，以学生自主管理为主线，以学校和社会联合培养为抓手，形成系统的人才培养模式，才能够更好地完成对大学生的教育管理工作。

（一）优化人才培养方案，强化联合培育

教育管理的发展和改革不能仅仅依靠学校这一单个主体，还需要整合社会资源，形成合力，塑造出轻松愉悦的学习环境和氛围。根据国务院 2019 年印发的《国家职业教育改革实施方案》，可以借鉴校企“双元”模式，共同制定人才培养方案，以助力学生成长。学校的人才培养方案主线应该从单一的学科本位主线转变为融学科知识、能力培养与素质提升为一体的培养方案。

人才培养方案是一所高校培养人才的纲领性文件，需要具有专业特色性、时代适应性等特点。在大学生教育管理的人才培养方案的优化中，首先应该根据专业的特点以人才培养目标为导向，通过学科知识、专业技能和综合素质三个方面为着力点进行培养。其次，大学生教育管理并不是为了教而教，为了管而管，需要结合用人单位的要求，从实际出发进行针对性培养。因此，大学生人才培养方案与课程体系需要校企联合，在立足时代特征和专业特色的前提下进行制定。最后，学校教育管理是大学生培养的主要途径，需要从理论上进行全方位的指导，让大学生学好理论并指导实践。用人单位作为大学生培养体系的重要组成部分，要当好大学生实践培育的重要角色，担负起相应的社会责任。在相关实践培育中，企业应有针对性地培育自己所需人才的相关技能，从而为自己注入新鲜的血液。

综上所述，当前大学生教育管理需要改变纯粹的学校单向管理模

式，也要改变千篇一律的理论传授，更要改变“主观式”培养。要从多方面收集适合当前专业学生培育的信息，有针对性地优化培养方案，优化人才培养课程体系。

（二）完善学生自主教育管理支持体系

苏霍姆林斯基曾提出真正的教育必须激发学生自主教育。“以生为本，发展学生；深耕精培，成就学生”理念下的大学生教育管理工作应完善学生自主管理支持体系。高校大学生自主管理主要分为学生个体自主管理、学生群体自主教育管理与参与性自主管理三个方面。

1. 学生个体自主教育管理

学生个体自主管理即学生作为教育管理者和被教育管理对象的双重身份。作为成年人的大学生首先要明确法律、校规校纪的红线不能触碰；其次，应该以“慎独”的思想严格要求自己，培养学生自己的道德情操。在进行自我教育管理中要处理好以下几种关系。

第一，自由与纪律之间的关系。自由并不是绝对的放纵，是需要在一定的制度、纪律约束下的相对自由。

第二，自身与他人的关系。马克思认为人是社会的人。在进行自我教育管理时要处理好自身与他人之间的关系，应团结同学，换位思考，顾及他人感受。

第三，个人与集体的关系。要明确自身是集体中的一分子，不仅仅要树立主人翁意识，主动参与集体活动，而且要以大局为重，不能将个人无限地扩张。

因此，作为教育管理者的辅导员首先需要对《学生手册》等纪律制度性文件予以解读、普及，让大学生能够明晰定性自己的行为。其次，从古代经典的“慎独”等思想着手，加强文化氛围的塑造。以标语张贴、班级网络建设等方式，提升学生的思想素质。

2. 学生群体自主教育管理

学生群体自主教育管理分为正式和非正式两种。正式群体自主教育管理的主体主要为学生会干部、班团干部、党员干部。非正式群体自主教育管理主要为班级成员文化导向和舆论牵引。

（1）加强学生正式群体自主教育管理

实践是认识的最终归宿，大学又是人才的培养基地和汇聚地。在大学生的自主管理工作中仅仅培养学生的参与意识还无法达到学生自主管理的目的，学生教育管理者需要有意识、有针对性地培养学生的参与能力。首先，让大学生能够清楚地了解自己所享有的权利与维权途径，也要明白其所应该承担的责任、履行的义务及违反相应规定的后果，在大学生的心中拉起一根“高压警戒线”。其次，在实践中不断地提高自身的参与能力。在大学生班级管理中，辅导员是主要实施者与责任人，扮演着不可替代的角色，而大学生的日常管理工作，还应该包括学生的自我管理，尤其是要发挥学生干部的重要作用，其管理结构示意图 5-1 所示：

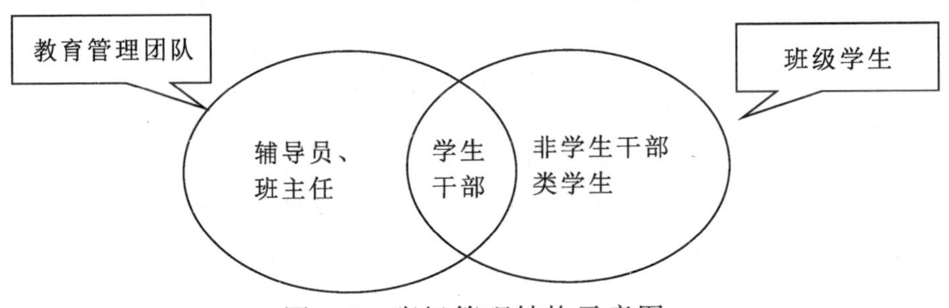

图 5-1　班级管理结构示意图

应该立足于班级的整体发展，设定班级建设目标，以相应的班级建设目标制定具有可操作性的计划，在完善学生自主管理支持体系，教育管理者应该注意以下几个环节。

第一，明确学生自主管理的目标——前提。教师要根据班级学生的情况设立总体目标和具体活动目标，通过清晰的目标定位，让班级学生的管理工作更加具有目标性和可行性。

第二，培养学生干部。由班级管理结构示意图可以看出，在大学生管理队伍中包含两个部分：一是以辅导员、班主任等教师为代表的学生管理教师队伍；二是由学生干部组成的学生自我管理、自我服务的学生管理队伍，二者合称为大学生管理团队。在“以生为本”的大学生教育

管理中，需要将整合与局部进行有机结合。

第三，制定自主管理的制度——保障。学生自己制定规章制度，制定的过程要充分考虑全班同学的整体意志，注重班级文化和班风建设。

(2) 重视非正式群体自主教育管理建设

相对非正式群体自主教育管理，正式群体自主教育管理具有滞后性。因此，应该加强非正式群体之间的文化氛围塑造。以一种正确的价值观指引相应氛围塑造、丰富，扩大其影响力。以其正面力量，弱化甚至是消解相应的负面影响，助力大学生自主教育管理的推进工作。

3. 学生参与性自主教育管理

参与性自主教育管理主要是指学生在相关部门教育管理者的领导下适度地参与学校的管理。一方面可以推动学校服务的完善，保障学生的利益。另一方面也能起到锻炼自身能力的作用。如食堂食品安全管理、教师教学质量评估等。在涉及学生的利益和学生关心的问题时，应该加强对学生意见的调研、充分掌握学生的意见，甚至是让学生在一定程度上直接参与其中。这不仅仅能推动学校的管理运行，还能在相关实践活动中起到锻炼学生能力，培育其自身品格的作用。全方位搭建自主教育管理平台，创建本校大学生自主管理委员会和微信公众平台，从学生的视角服务和引导学生，以优秀学生标兵团队引导和带动学生。把握舆情动态、监管，在教育管理者的主导下，从微信平台上开辟校园热点论坛，引导学生合理地表达自己的想法。

（三）创设学生思想动态反馈机制

针对教育管理者与学生互动交流不足的问题，教育管理者可以通过先进分子、班级事务反馈、第二课堂小组反馈、日常生活反馈及师生交流反馈五种形式建立学生思想动态反馈机制将学生的情况及时反馈给教育管理者。其流程如图 5-2 所示。

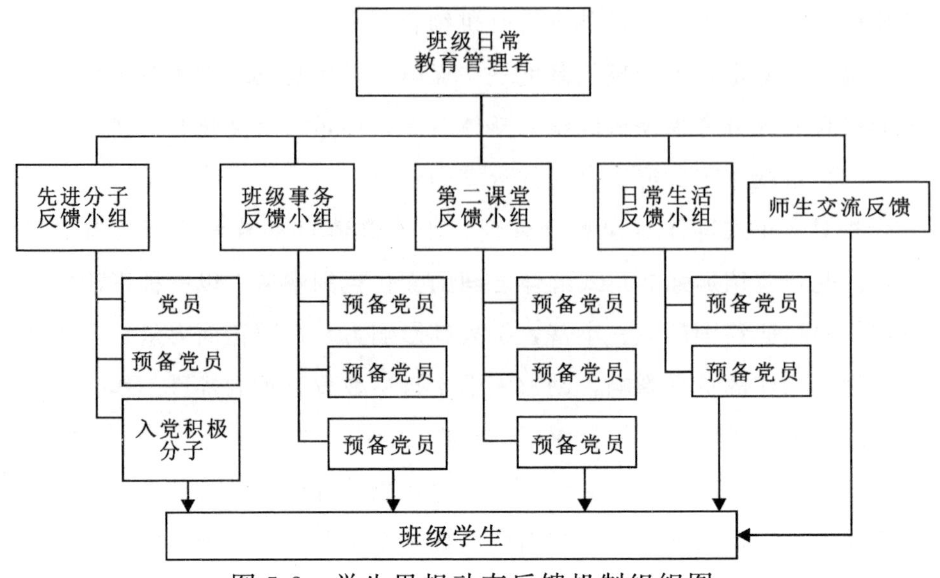

图 5-2　学生思想动态反馈机制组织图

在大学生的教育管理活动中，教育管理者与学生间的沟通是一种双边互动活动，特别是在班级管理中，教育管理者只有建立了完善的学生思想动态反馈机制，才能够更好地掌握学生思想动态，更好地为学生服务。尤其是在大学生日常管理中，应该保持对大学生思想问题的敏感性，坚持预防为主，治理为辅。一方面是在问题还未发生时，以行之有效的措施予以防范，规避相关风险，使问题不易发生。另一方面是将问题解决在萌芽状态，在问题已经产生，还未引起较大负面影响和损失的情况下予以制止和消除。而这些的前提条件是已经建立起及时、有效的学生思想动态反馈机制。当学生思想动态反馈机制建立后，在遇到相关问题时，就可以通过疏导教育法，加强教师和学生之间的沟通，对学生错误的意识进行引导，加强大学生日常教育管理的感召力。

在大学生教育管理中班级是一个非常重要的单位。可以通过以下五种方式进行学生思想反馈。

第一，学生的思想动态可以通过辅导员直接向学生本人了解，也可以通过学生直接向辅导员汇报交流。这具有时间上的快捷性和事务处理上的针对性。但是，我们在实际操作和调研中发现，仅仅依靠教育管理

者和学生之间的直接交流作为反馈渠道是狭窄且难以有效实现的。

第二，通过先进分子进行反馈。在日常教育管理中以党员、预备党员和入党积极分子组成的先进分子小组可以更加宽泛地对学生有所了解。

第三，通过班级事务反馈。班长等班级干部在大学生日常教育管理中是与其他学生交流接触最多的。通过班级学生干部进行了解，有助于从整体和局部上形成一条主线。

第四，通过第二课堂反馈。在大学生教育管理中，由于教室不固定，课程活动相对自由等原因，导致班级同学之间交流不多，通过组织团日活动等第二课堂增进学生间的了解，更利于思想的交流与反馈。

第五，以寝室为单位进行学生状态了解。宿舍是班级管理的有机组成部分，具有管理复杂性、空间私密性、学生动态本质性等特点。寝室作为学生的经常性生活场所，很多生活陋习都在寝室予以显现，展现“真我”。因此，大学生教育管理中要着重关注宿舍的动态管理，以高校辅导员、后勤管理处、学生处、保卫处、物业公司等多部门形成合力，对学生思想动态进行监管、反馈、引导。

三、明晰“引路人”角色定位，强化教育管理者引导功能

在大学生教育管理中，传统的“师本位”教育观念与过度绝对化的“生本位”教育观念都不利于学生的发展。在落实立德树人根本任务，推进“三全育人”（即全员育人、全程育人、全方位育人）的背景下，大学生在教育管理中应该探寻教育管理者和学生关系的平衡锚点，不能片面、单一地仅依靠大学生自身的主体性来进行教育管理，不能让高校教育管理者在大学生的教育管理中缺位，在对学生实践引导过程中缺力。教育管理者应该明晰自身“引路人”的角色定位，发挥自己的“导向”功能、“导思”功能和“导行”功能，增强教育管理者在促进大学生全面发展过程中的引导效用。

（一）发挥教育管理者“导向”功能

1. 科学制定并展示必要的教育管理目标体系

大学生具有明确的目标性和较强的践行能力。但是由于中学和高校的课程、实践活动等有较大的间距性，很多大学生不能明确地对自己的大学生活有科学合理的规划。因此，科学制定教育管理目标是“导向”功能成功与否的关键所在。大学生教育管理需要明确告诉学生在大学期间所要学习的课程是什么，相关资格证的认定条件，报考时间，注意事项等。

2. 深化平等交流氛围，提升育人质量

把握学生行为特征，形成师生平等、自由的校园氛围。针对当前师生交流不足，管理实效不强的情况，作为教师首先就是要加强师生之间的交流。而师生之间形成有效交流的前提条件是要营造多维的文化氛围，让师生之间保持平等、自由地对话，具体表现如下：

第一，激发学生主观能动性。兴趣是最好的老师，在大学生教育管理中需要找准学生兴趣和人才培养路径的契合点，激发学生的主观能动性。通过对问卷的分析，得出学校在实践上不能满足学生的发展需求，有 79.53%的学生表示经常和总是希望学校多开展一些实践活动，说明大部分学生的学习愿望还是非常强烈，通过举办喜闻乐见的实践活动对他们进行教育，具有较强的可行性。尤其是在教育教学方面更是需要充分地激发学生的主观能动性。让大学生能够获得充分的锻炼演示机会，不断地提高表达能力、实践能力。

第二，发挥教师的引导作用。配备足够的师资，让教师的教育受众群缩小在一定的范围内，从而更好地满足“全员育人”的目标。2018 年国务院在《关于全面深化新时代教师队伍建设改革的意见》中明确提出“充分发挥教师在高等学校办学治校中的作用”。“以生为本”在大学生教育管理的应用中，我们首先是确定学生在教育管理活动的主体地位，激发学生的主观能动性，以更好地促进学生的发展。但是，“以生为本”并不是片面地只强调学生的作用，而忽视了教师的价值。“以生

为本”在大学生教育管理的各个环节，教师的主导作用，永远都不能忽视。教师在坚持“以生为本”教育理念中也需明白自己的定位和职责。

第三，教师主导和学生主体相结合，防止两种极端倾向。在大学生教育管理中，我们不能过度地依靠管理者，也不能过度地夸大学生的主体作用。在“以生为本”教育管理理念的运用过程中，应该坚持教师的主导和学生的主体作用，让二者互相交织，形成合力。如果在大学生教育管理中仅仅强调教师的作用，那么人才的培养模式将会演变为传统的行政式管理式的“师本教育”，如果一味地强调学生的作用，忽视教师在大学生教育管理中的作用，则可能会导致教师的不作为、懒作为和假作为，学生更加恃“宠”而骄，甚至会自甘堕落，将高校的深造衍变为颓废的乐园。以上两种情况都显然与我们的主流教育价值观不相符。大学生在教育管理过程中应该充分地彰显学生的主体性，也应该让教师的价值得以肯定，让二者协调发展，推进“以生为本”在大学生教育管理工作中的应用。在形成平等、自由的氛围中，其中具体注重两个方面。其一，师生应该互相尊重。在传统的师本教育中，教师占据着无限崇尚的地位，而在新时期的大学生管理中，管理学生并不等于关注学生。所以，教师应该转变理念，放低身段，与学生平等交流，想学生所想，思学生所思，把握学生的成长规律和行为特征，进行有效的引导教育。其二，学生应该在尊敬师长的前提下与师长互动交流。虽然当下强调言论自由和个性发展，但是这并不代表学生就可以目无尊长，抛弃中国尊敬师长的优良传统。因此，只有教师和学生共同把握了交流的平等性原则，并予以实践，形成良好的校园沟通氛围，那么师生之间的交流就会更加融洽、大学生的教育管理也会有更强的实效性。

（二）发挥教育管理者“导思”功能

“学而不思则罔”在大学生教育管理中要坚持教育与管理相结合，以教育为主。要将教育引导和学生管理融合一体，以思想政治教育晓之以理，以学生管理导之以行，让二者互相促进、互相补充，让教育寓于管理之中，共同推进学生思想升华，收到事半功倍的效果。

第一，在课程教育管理中，以课程问题导向，巧设悬念。首先，“思”是“学”的延伸，只有通过自身对所学知识有所思、有所悟，才能让知识真正地为自己所用。其次，思考不仅能让人“知其然”还能“知其所以然”，有利于掌握推动学习、工作的主动权，避免陷入本本主义、教条主义的泥沼。首先，以问题情境为导向。有问题，才有疑虑，最终方能激发思考。因此，在大学生课堂教育管理上，应该坚持以问题为导向，让学生带着问题在相关文献资料中进行针对性探索。其次，以例释理。在大学生的课堂教育管理中会涉及很多晦涩的理论知识，这就要求高校课堂教育管理者在课堂中激发学生思索。

在传统的教育教学中是以教材为主线，强调按部就班地以预设课程对学生进行知识性灌输。但是在生本课堂中强调的是在教师的主导下让学生能多一些自主探索，以合作探究式、问题导入式等手段加强学生思考。在媒介上可以建立数字教育资源共建共享机制。随着互联网的发展和信息社会不断推进，资源共享已经成为当前大学生教育管理中必不可少的一环。而且通过“双师设备”等方式建立了数字教育资源共享后，突破了时间和空间的限制，拓宽了信息收集的渠道，促进学校之间的交流，更能够满足当前大学生对知识、对外界信息的需求，有利于激发大学生在学习上的主观能动性。

第二，在日常教育管理中，多管齐下，启迪学生心灵。在大学生教育管理中，除了在课堂教育管理中要引起学生的思考，在日常教育管理中也需用多种方法启迪学生心灵，坚持显性教育与隐性教育并举。首先，开展谈心谈话活动。辅导员作为日常教育管理工作的组织者应该增加与学生谈心谈话的频次，加强谈话深度，既要摆事实、讲道理，又要办实事、解决问题。通过以理服人和以情感人两种方式推进学生从思想上进行反思、升华。其次，开展主题班会，以演讲辩论、文章分享等方式与大学生在思想上进行平等沟通，以潜移默化的隐性教育把握学生的思想脉搏，启迪学生心灵。

（三）发挥教育管理者“导行”功能

“以生为本”的教育目标是“促进学生自主发展”。针对教学任务单一，环节程式化和师生交流不足，管理实效不强的问题，应该采取改进教育方法，构建教师主导，学生主体的教育管理模式，形成师生平等、自由氛围，以激发学生的主体性，促进教育对象自主发展。而这里的“行”指的是行为——受思想支配而表现出来的活动。作为教育管理者要指导学生的行为，应该从言传和身教两个方面作为发力点，坚持教育为主。具体方法如下：

1. 说服教育法：加强思想导行

说服教育即教育管理者针对受教育者当前思想和行为上的问题，通过以事实切入，以道理说服让学生从思想上予以开导，从行为上予以转变。当前大学生的人格发展基本成熟但不完善，知行差距较大，思想认识肤浅、实际经验缺乏。因此，教育管理者需要将事物“由表及里”地进行本质性分析。通过讲解、谈话、讨论辩论等方式进一步让大学生通过“被说服”的方式从思想上面改变并由此引导自己的行为。而不是“被压服”，让学生不得不按照相应教育管理者的看法做事。这种柔性的教育管理方式比刚性的方式更能从根本上解决问题。

2. 典型教育法：强化示范导行

典型即在相关同类型事物中最有代表性、更能说明本质的个体。首先，树立学生优秀典型。在大学生中，总会有特别优秀典型的同学。对相关优秀典型的同学予以培养、推广，从正面树立典型，加强示范教育作用，影响学生的行为。其次，树立自身典型。教育管理者在对大学生进行行为上的引导时，应该注重自己的“身教”。“打铁还需自身硬”，只有教育管理者自身做到了言行一致，才能够大大地增加典型的示范感召力。

四、深化实践教育改革，提升实践育人质量

当前大学生对社会实践的要求强烈，社会各界也认为应该加强大学

生在理论学习后的实践培育，提升育人质量。因此，可以通过构建“三维课程体系”“1＋1＋X 证书制度”和加强校企联合培养的方式，深化实践教育改革。

（一）构建三维课程体系，强化学生实践发展

学生是独立的个人，具有相对的差异性，无论是从能力、学习背景还是兴趣爱好都会有一定的差异。因此，构建适应学生发展的课程体系是解决当前教学任务单一，环节程式化的重要措施。

当前，我们在实施的过程中并没有很明显地进行区分，甚至以必修理论课的教学模式占据了大部分，而给学生自由选择的机会非常少。所以，我们应该建立三维课程体系即必修课程与选修课程、综合课程和专业课程、活动课程和学科课程，如图 5-3 所示。

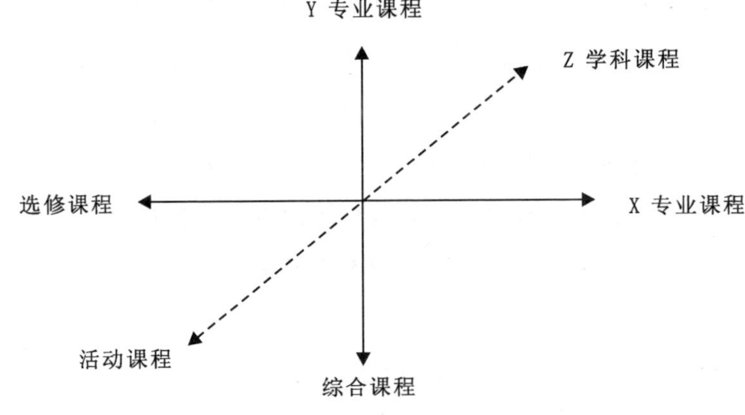

图 5-3　三维课程体系结构示意图

改进教育方法，构建差异课程体系，不仅能促进个人的发展，还能助力社会的进步。首先，从个体发展的角度上看，我们只有构建并践行了适应学生差异发展的课程体系，我们才能走出片面的唯书、唯上的怪圈，真正地让学生在大学生涯中在训练必备的技能和储备相应学位、学科的理论知识外，更自由、有效地寻找相应的学习空间。其次，从集体发展的角度上看，每个学生都是班级的一分子，也是当前建功新时代储备力量的一分子，我们只有着眼顶层设计，着力于个人发展，让每个人充分地发挥所长、最大限度地获取感兴趣的储备知识，并将其运用于社

会生活实践中，社会才会发展得更快。

在“三维课程体系”中包含着三组课程关系，我们应该全面综合地考虑。第一，必修课和选修课。目前大学生教育管理中必修基础理论课占据总课时的比例较大，在此，应该增设更多的选修课程。让学生能够根据自身的兴趣爱好、发展需要来选择想用的课程。大学课程体系中主要以院系、专业来划分相应的课程，只有增加选修课的种类、提升选修课的质量，才能尽可能地让大学生掌握多项技能，助力学生的全面发展，适应社会的发展需要。第二，专业课程和综合课程。在大学生的课程体系中专业课程非常重要，必须夯实了专业基础才能够在未来的发展中尽可能地展现专业优势。但是当前社会发展中除了专业人才，还需要复合型人才。而综合课程是按照一致性原则，由两门或以上的学科领域构成的学科，让学生能够在多学科的整合下更准确地把握理论并运用知识。第三，学科课程与活动课程。学科课程多以理论为主，活动课程以实践活动为主。通过将二者合理地融合后形成合力，才能更好地巩固理论知识的学习，并将知识内化于心，外化于行。

（二）构建“1＋1＋X证书制度”，培养学生综合能力

响应国家在《国家职业教育改革实施方案》中提出的号召，在获得学历证书的前提下，提升自己在多方面的就业创业的综合能力，拓展多维本领，缓解当前大学生的就业矛盾。当然，作为本科及以上学历并应取得相应学位证书的学生也应该通过相应的考核，满足相应学位获取条件。

“1＋1＋X”证书制度的解读如下：

第一，在该制度中的两个“1”分别是指的毕业证书和学位证书。这两个证书对于当前本科及以上的大学生都是基础性证书。也只有在完成规定的学业并考核合格后才能够获得。当然，有些专科学院的学生没有学位证书，但是也需要获得毕业证书。当获得相应的基础性证书后，也就表明在学校研修的课程和培育都已合格。

第二，“X”证书主要分为职业资格证书和技能资格证书两类。首

先，相关专业的学生需要在院系专业的大背景下获得相应的职业资格证书。例如，师范类大学生需要考取相应的教师资格证，而从事法律类的大学生也需要通过司法考试。这是为以后的工作打下坚实而必要的基础，也是后期从事相应行业的“敲门砖”。其次，需要获得尽可能多的“技能资格证书”，例如，英语等级考试、计算机等级考试、普通话等级考试、汽车驾驶证等。“人是社会的人”，大学生终有一天会走出高校的象牙塔，走进社会的竞争中。只有掌握多种技能，才能够更好地立足于竞争的社会洪流里。

（三）加强校企联合，形成产学合力

《中国教育现代化 2035》明确提出“要注重知行合一”。企业是大学生就业的重要渠道，也是实践锻炼的重要平台。企业在招聘人才的时候需要有相关工作经验的学生来为企业注入新鲜的血液，而大学生也希望能够在实践中锻炼自己的能力，让自己在求职中能多一份优势，在工作中多一些经验。学校应该架好企业与在校学子之间的桥梁，加强校企之间的合作，通过企业专职人员到校讲课、学生赴企业一线参观学习和提供企业实习平台等方式更好地满足大学生实践需求，提高大学生专业实践能力，促进大学生教育管理改革。在校企形成合力后对大学生教育管理的影响是巨大的。首先，让企业专职人员赴一线课堂讲座能够更好地让学生了解当前该行业的动向和人才需求，为学生在校的能力培养提供了一个明确的方向；其次，大学生在赴企业一线参观学习后会对自己能力形成一个较为清晰的定位和认知，从而有力地激发学生的主体性，让其在后期的学校生涯中更加地努力进取；最后，让大学生进入企业内部实习锻炼可以让大学生尽早地感知企业文化，并将自己在校所学的理论知识在实践中进行巩固、提升。这不仅仅是给学生个人提供了一个实践锻炼的机会，也是满足了企业对人才的专业性需求，更是为学校的专业教育确立了方向。

《中共中央、国务院关于深化教育改革全面推进素质教育的决定》提出要加强产学研结合，大力推进高等学校和科研院所的合作。可以通

过校企共建实验室、实习基地、合作教学的形式，共建“双师”型教育队伍，为高校的教育改革提供新的方向。在通过校企联合培养后可以有效地解决当前部分专业教育与社会脱节、学生实践能力不足的问题，真正地形成了资源共享、优势互补的融合式教育。

第六章

高校教育管理模式改革的途径

第一节　管理层面

一、管理者提高自身的综合素质

随着我国高等教育的逐步普及以及与国际接轨，各高校面临着激烈的竞争，高校管理者也面临着新的任务和挑战。大学生管理者除要承担教师应尽的责任之外，还因其管理者的身份，承担更多特殊责任，这就要求必须全面提升自身的综合素质。

（一）高校管理者的责任体现——促进高校教育发展和推动大学生成长成才

一所高校的成败很大程度上取决于这所高校领导者的水平，高校管理者的能力素质对高校的发展和大学生的成长成才有着至关重要的影响。然而，近年来在从事大学生管理的这个群体中，却有个别管理者存在着责任感不强的现象，影响着学校的发展和大学生的健康成长成才。为了使大学生管理者对所处的时代和所肩负的责任有一个具体深入的认知，大学生管理者要注重自身管理能力的提高，不断地吸收新的信息，不断地实践和总结，培养良好的执行力和良好的沟通协调能力。

管理能力的提高是一个学习和训练的过程，过去的知识和能力固然重要，但并不等于说我们就可以用过去的知识和能力应对现在和未来，要用发展的眼光培养自我的责任意识。要注重大学生管理方法的研究，

增强自身科研素质，明确管理的目的，为管理素质的提高奠定基础。因此，大学生管理者素质的提升是培养创新人才的保障。大学生管理者责任必须体现高校建设发展、大学生的成长成才的需要。

1．促进高校教育发展的责任

目前，大学生管理者基本上都接受了系统的高等教育，掌握着先进的科学技术和管理方法，是高校发展中一支朝气蓬勃、出类拔萃的队伍，应该努力用自己的聪明才智为高校的发展尽一份力量，为大学生成长成才服务，这是历史赋予大学生管理者不可推卸的责任。大学生管理者接受了正规而严格的治学熏陶，释放着各门学科的无限风光，探求着自然与社会的最新宝藏，因此有能力更有责任和义务，促进中国教育的发展，在高校竞争的舞台上一显身手，推动高校的进步。大学生管理者要对祖国的教育和人才的培养有着高度的关注和思考，对建设有中国特色的社会主义教育、办好人民满意的大学有着比较深刻的理解，能积极投身于高校的建设，为不断推进高校的发展而努力。

2．推动大学生成长成才的责任

对大学生管理者而言，不仅要注重自我的发展，更重要的是要挑起高校教书育人的重担。大学生管理者要在办人民满意大学的道路上实现自身的发展和完善，并以此促进高校教育的发展和大学生的健康成才。责任感的重要性是不言而喻的，责任感的培养和增强，既需要大学生管理者本身的努力，也需要社会外界条件的帮助来共同完成。提供各种各样的锻炼机会，使其能够真正接触社会，以成熟的观点认识社会现象，宣传倡导良好的社会风尚，坚决批判和抵制不良社会风气和社会现象，从而培养自身判别是非、应对复杂局面的能力，只有这样才能帮助大学生明辨是非。

（二）大学生管理者的素质优化——全方位、多角度相结合

大学生管理者在工作中除了集思广益、博采众长之外，还应具备管理、规划、发展、远景展望的能力，工作不能停留在表面上，必须有计划，有总结，这样才能保证执行的效果，执行过程中绝不能随遇而安，

要打破因循守旧的观念，树立大胆创新的观念，自觉运用创新思维，完成高等学校的目标，这就必须培养自我管理能力与社会责任感。

1. 注重知识更新，加强责任引导

大学生管理者要在意识到自己责任的同时，把它升华为一种自觉的内心信念，升华为义务感，形成强烈的社会责任感。培养自我管理能力，要把大学生管理者所具备的政治素质、业务能力、增加工作经验等作为能力管理的主要内容，根据大学生管理者的具体情况和需求，有针对性地加强学习与培训，保证获得工作急需的工作技能和方法，促使大学生管理者运用自己的理论优势帮助大学生成才，促进学校教育的发展。大学生管理者作为教书育人的责任主体，具有公民的权利和意识，也必须有办人民满意大学的责任意识，从而引导大学生管理者正确认识个人与社会的关系，认清承担社会责任是实现自我价值的必由之路和强化构建和谐学院的思想基础。个人与社会之间既有区别又有联系，是共生共存、辩证统一的。发挥好大学生管理者的主观能动性和创造性，使他们善于运用科学理性的思维去分析问题、解决问题，充分发挥大学生管理者自身的优势，鼓励自我，勇于创新。

2. 注重能力管理，拓展创新载体

大学生管理者要培养健康心理素质，锻炼坚强的品质并增强抗挫折能力。大学生管理者在学生管理工作中常遇到不顺心的事情，会感到委屈、郁闷，这种心情会在很大程度上影响工作的效率和准确度，甚至使得面临的情况愈加困窘，所以要注重培养自己的心理素质。大学生管理者要有坚定的职业精神，只有对自己的本职工作付出热情和心血，才能把事情真正做好，在繁重而枯燥的工作中，大学生管理者只有选择耐心与认真，才能不折不扣地完成教书育人的任务。孔子云：“吾日三省吾身。”如果每一个大学生管理者都能经常对自己的表现进行反思，不断克服自己身上的惰性和私心，那么高校的学生管理水平就能日益提高。大学生管理者最终的目的是为学院发展服务，为社会培养优秀合格的人才。大学生管理者只有具备了社会责任感，才能培养出社会需要的人

才。对大学生管理者能力管理和社会责任感的培养需要二者良性互动，是大学生管理者全面、和谐、自由发展的必要途径。

二、切实落实大学生管理工作

在大学生管理工作中，辅导员扮演着重要角色，不仅要管理学生，还要教育学生，对学生的学习和日常生活进行正确引导。对大学生管理工作中辅导员的角色分析，能促进辅导员更好地对大学生开展教育和管理工作。高等学校的建设与发展也在国家改革开放以及经济社会深入发展的背景下逐步进入新阶段。高校辅导员需要承担的责任很多，落实大学生德育教育、落实学校规章制度、组织大学生参加各种教学活动、为大学生提供专业辅导和择业辅导、疏导大学生心理、帮助大学生解决困难、在大学生中发展党员等，可以说高校辅导员的责任重大。

（一）辅导员在高校中的地位及作用

1. 管理协调

高校辅导员要对学生进行无微不至的关怀，做到事无巨细，让学生感到温暖。比如指导学生如何管理日常事务、如何管理班级规章制度、如何组织班级活动、如何动员和促进学风建设等，高校辅导员在班级管理工作中要付出足够多的汗水和心血。高校辅导员被高校师生们公认为“学生工作管理员”，其在工作过程中要协调校内各部门与学生之间的关系，做到对校内各个环节进行有效衔接，充分发挥高校的管理育人力量。

2. 纽带桥梁

通过辅导员可以架起高校与学生之间沟通的桥梁，辅导员要负责收集掌握和处理学生的意见和要求，贯彻落实学校政策法规、规章制度，组织学生开展各种校园活动。由此可见，高校辅导员加强学校与学生之间的思想沟通，能够为高校的育人工作创设和谐稳定氛围，促进高校管理工作高效稳定运行。

3. 教育疏导

高校辅导员采取浸入式教育模式对大学生进行教育，教育工作涵盖大学生的各个方面，不应只停留在思想教育层面，而应帮助大学生进行职业生涯规划，促使大学生树立远大理想，使大学生在学习、生活和工作态度方面端正态度，为高校培养高素质人才提供保障。

4. 成才导师

辅导员会影响到学生的各个方面，比如思想观念、价值取向、处事态度、行为方式以及学习成绩等，优秀的辅导员可以对大学生产生积极影响。辅导员是大学生进入大学生活以后面对的第一位导师，其负责大学生四年的学习和日常生活，并且对大学生的学习和生活予以引导，直至他们毕业。大学阶段学生身体发育以及思想成长逐渐成熟，辅导员对大学生能够产生潜移默化的深远影响。

（二）高校辅导员工作策略

1. 身体力行，做个“好榜样”

第一，与其他课程教师相比，辅导员与学生进行交流的时间更长，所以辅导员很容易在学生心目中树立良好的榜样。学生的素质直接受到辅导员素养水平的影响，因此辅导员要不断提高自身的综合素质，时刻注意自己的言行举止，做到以身作则，为学生树立良好的榜样。

第二，学生中有很多可以作为榜样，教师要积极发现并且要善于利用，使学生能够感受到身边同学的榜样力量，激发学生的学习积极性。辅导员可以选一些有代表性的学生作为榜样，发挥其带头作用。

第三，辅导员要积极组织学生开展学习榜样活动。比如学习雷锋榜样活动、鼓励学生到社区做义工、到养老院慰问老人，充分发挥学生的助人为乐精神。

2. 全面发展，做个“多面手”

第一，辅导员是学生学习上的引导者。辅导员在学生工作方面不仅要发挥管理者职能，也要发挥教育者职能。以教授学生有效学习方法作为出发点，要积极学习并且掌握相关专业知识，并且通过课程教学和活

动教学等方式向学生传授学习方法。

第二，辅导员要做学生的知心朋友，要关爱学生。大学阶段的学生还处于成长阶段，辅导员要给予学生更多的关心和爱护。辅导员要及时了解学生的学习和生活状况，及时帮助学生解决学习和生活过程中遇到的问题，让学生感受到自己带来的温暖，赢得学生的尊重和信任。

第三，辅导员要对学生的就业进行指导。大学生临近毕业时通常就业方向不明确，辅导员要引导学生设计职业生涯规划，让大学生对自己准确定位，在明确自己就业目标的前提下，制定符合自身实际的职业生涯发展规划，促进自身职业目标的实现。要积极组织学生开展职业生涯评比活动，使学生能够根据自身发展实际制定职业生涯规划。辅导员还要积极引导学生进行社会实践，让学生在社会实践中学习知识，积累经验，帮助学生实现顺利就业。

三、掌握大学生管理的关键点

学生管理工作是高校整体工作的重要方面。在具体的实践中，学校的教育管理工作者应注意把握其中的几个关键环节，主要包括：入学教育、学生干部选拔、评优评模组织纳新、军政教练员选拔等。全面把握大学生管理的关键环节，才有可能使大学生的管理工作走上更加规范而又科学的轨道。

（一）入学教育环节

高校的招生对象为高中毕业生。高等教育实行的是自我教育、自我管理和自我服务的管理模式，而大多数中学生的自我管理能力和自我约束能力较差。因此，高中毕业生如何实现向大学生的转变和过渡，入学教育是大学生管理工作的第一个关键环节。在入学教育方面，要重点搞好军政训练，从队列、内务、学籍管理规定、日常行为规范、考试制度等方面进行教育和强化训练，同时，还要使学生真正明白，科教才能兴国，要振兴教育事业。同时还要使学生了解本省乃至全国各行各业尤其是本专业的发展现状和前景，使学生尽快树立一种“今天学知识，明天建祖国，现在准备好，将来去奉献”的职业道德观念，使“奉献自己、服务他人、努力打拼、不断创新”的信念成为他们的终生追求。

（二）学生干部选拔环节

在学生眼里，班干部的经历有助于他们今后的发展，因为当了学生干部，不但是一种光荣，更是党组织纳新的优先对象，同时，学生干部的经历会对他们今后的就业产生积极的影响。

“不想当将军的士兵不是好士兵”，这种想法并不能说完全不正确，但有些学生当了学生干部后，因其本身自制力较差，很难做到“以身作则，率先垂范”，同时给自己的学习也造成了很大的压力，给学生管理工作带来了不利影响甚至后患。所以，在选拔学生干部上，必须坚持原则，把那些品学兼优，具备一定组织能力，在学生中威信较高的学生选拔上来，是至关重要的。在选拔和配备学生干部时，辅导员应当在新生入学前首先审查相关教学班新生的档案信息资料，全面掌握学生的思想政治情况和家庭基本情况，把那些政治上可靠、学业上优秀的新生作为学生干部的备用人选。新生报到后，辅导员可以提名一些优秀的学生担任班委会、团支部临时干部，经过1—2个月的实践考察，履行民主推荐的程序，分别确定正式班委会和团支部的学生干部人选。

（三）评优、纳新环节

在学生管理方面，评选“优秀团员”“三好学生”“优秀学生干部”“优秀毕业生”以及奖学金的评定、党组织纳新是建立良好的班风、学风和校风的重要激励机制。“优秀团员”“三好学生”“优秀学生干部”以及奖学金的评定，每学年评定一次，“优秀毕业生”每届学生评定一次，党组织纳新一般每学年进行两次。每次评优、评奖和党组织的纳新工作，大学生管理部门都会印发相关文件和要求，关键是各系部和辅导员要按照文件精神认真抓好落实，认真履行职责，真正把那些政治上可靠、学业上优秀的学生评选上来，把那些拥护党的领导、积极要求上进的学生早日吸收到党的组织中，把评优和组织纳新的激励作用发挥到最大。

四、掌握大学生个体管理的艺术

（一）制度的规范和激励功能在大学生管理工作中的显现

规范性制度和激励性制度在大学生管理中都有其存在的合理性和价值。分析制度这两种主要功能的价值取向和限度，并不是要否定规范性制度在大学生管理中的作用，而是要注重两种制度功能的价值取向和限度，在各自的层面上发挥其有效性。大学生已具有很强的独立人格和尊严，有非常明确的是非观和价值判断，他们基于自身理性进行价值认知和选择。规范性制度应是对学生的权利和义务进行准确的定位，保障学生完整的公民权和受教育的权利，明确大学生作为公民和学生应有的行为规则和责任。所以，规范性制度的内容是对大学生行为的基本的限定，对符合大学生基本行为规范提出要求和对不符合的行为给予强制性处理。

在学生管理制度中，我们应尽可能不采用规范性制度或强制性措施达到管理的目的。在我国，学校管理制度的制定与实施具有自上而下、以行政规划与管理为主的特点，学校的科层化倾向明显，层次结构划分的是权力和责任。科层制在社会组织管理中具有良好的效率和作用，但科层制强调严格遵守规章制度，可能导致过度形式化。正如韦伯所描述的那样，科层制的激情足以压倒单个的情感。

更多的大学生管理制度应积极引导价值取向，激发和激励每个学生的个体价值，充分肯定和体现学生的个体价值，增强学生积极向上的欲望和动力。激励性制度可以有效地启迪、打开学生的价值世界，提高他们的价值判断能力、选择的意识与能力，敞开他们通向可能生活的价值路径，让他们面对开放的、无限沟通的社会生活空间，从容、自主地建构个人的价值世界，成为生活的主体。人才有基本要求，但没有一致的标准，基本要求可以通过规范性制度加以养成，而对人才自身的发展，要通过多样的激励措施和多层面的肯定加以激发。制度或规则应该只是创设一种“教育的情景”，提供学生实践个体价值的活动场所或空间，以贴近生活实际的内容，提高学生价值认识、探究和体验的能力。

（二）以激励性制度引领大学生管理工作的价值创新

在大学生管理工作中加强对激励性制度的重视，要将制度从激励性功能出发，进行适当的目标定位：一是实现对学生的不同认识，引导其不同个性的激发与彰显，推动其明确自身的价值取向。二是改变管理者的工作方式，逐步弱化强制性特征，突出以服务为主的角色意识，给学生创造一个既渗透制度规范，又充满生机与活力的实践提高平台。三是达成人才培养方式的转变，避免制度规范性的固化趋同，帮助学生在个性可以得到张扬的情境中通过自我学习、自我管理和自我服务，实现自我价值。

（三）制度设计

大学生管理工作创新应高度重视制度创新，并努力使之健全、规范与科学。完整、成熟、合理、先进的学生管理制度，反映着一所学校德育工作的理念与机制，反映着学校人才培养的目的与要求，反映着学校学生管理工作的思路、模式与方法，同时也综合反映着学校学生管理工作的境界与水平，以及全体人民实现中国梦的憧憬和希望。理性把握学生管理工作中制度功能的特点以及制度设计的原则要求，在突出制度执行的严肃性、规范性和教育性的同时，更注重加强制度设计，注重制度的激励功能的发挥，则是实现大学生管理工作价值创新的重要途径。

制度设计要建立健全评价机制，优化绩效考核激励机制。正如柯尔伯格所言，道德发展取决于规则如何被理解，而不是取决于文化内容。我们从这句话得到的启发是，规则使他人理解到是什么，是一种限制性的价值传输，还是一种开放性的价值引导？一般意义上，学生的行为要求与个人自身的发展目标是相一致的，限制向内，开放向外。通过制度激励性功能的发挥，将对学生的教育价值的引导渗透于学生个体成长的过程之中，无疑应该是大学生管理工作的基本出发点和重要归宿。

制度设计就是要把个人的道德理性与生活结合起来，通过发挥制度的静态与动态有机结合的激励性功能，强调细化管理、量化管理，在生

活中验证、丰富、实践个人的价值理念，并且逐步形成稳定的道德行为习惯，形成个人在日常生活中稳定的道德思考、判断、选择以及行动的基本方式，从而实现学生在综合素质提高方面保持一定的张力和维度。

第二节 学生个人层面

一、发挥学生的主动性

大学生的自我管理，包括大学生对自身的生理、行为等方面的自我认识、自我感受、自我管理、自主学习、自我监督、自我控制、自我完善。具体来说，大学生自我管理就是通过反馈分析服务好自己三个方面，即了解自我长处、管理自我目标、学会做事和与人相处。

（一）自我管理的入门——了解自我长处

了解自我最重要的就是找到自己的长处——这是大学生首先要做的事情。也许要用整个大学的时光，但越早发现对将来的发展越有利。发现长处不能靠闭门苦想，而是要通过实践检验并实施反馈分析。所以，作为大学生，要敢于尝试，在大学学习期间要尽可能地涉猎广泛的书籍，在假期时要抓住每一个实践机会。一个有效的方法是，无论何时，只要做出了一个重要决策或采取了一项重大行动，都把期望的结果记录下来。三至六个月后，把实际结果与预期进行比较。通过尝试比较，就清楚明了在众多的抉择中，有些是自己没有天赋、没有技能干好的。而在某些方面上你却一点即通，上手很快。人生短暂，善于明白自己长处的学生就懂得学习自己擅长的东西，从“人流”向“一流”冲刺，而不会在自己能力低下的领域里浪费精力，从“非常笨拙”争取做到“马马虎虎”。一个人的成就，只能建立在长处和强势上，不可能建立在短处和弱势上。

当然，一个人的成长是动态的，特别是对于可塑性强的大学生而言，其具有的长处也是不断发展补充的。长处可以靠挖掘，也可以靠培养。为了更好的生存，人的无限潜能也能帮助自己激发和形成新的长处。因而，寻找长处不是固有的模式和框架，而是不断定期进行反馈分析，把寻找长处、培养长处与发挥长处统一于实践，才能让长处充分发挥作用而真正成为一种竞争的优势。

在大学，学生在不断地学习生活中难免有诸多抱怨，对自己对身边总有着这样的不满意和那样的不顺心，这也很正常。也许对于很多人来说，当年轻有精力时，却没有做事的外部条件；当外在条件成熟时，可能人就没精力了。“非才之难，所以自用者实难!”善于自我管理的人，才善于自用其才，才能在广阔天地间让长处充分发挥，抓住机遇，走向成功!

（二）自我管理的核心——目标管理

在明确了自己的长处之后，接下来就是目标的管理，具体包括以下方面。

1. 设立目标，让生活有明确的方向

作为一名大学生，首先要志向远大，目标明确。设立目标，要把握三个要点，一是你的目标一定要结合你的优点，围绕你的长处来构思。设立的目标，要能强化你的长处，专注于你的长处，把潜在的优势转化为现实的优势。二是目标必须具体，不能含糊其词，任何人都不可能去实现一个模糊的目标。比如，你打算考某个资格证，打算毕业时考研，并且打算毕业后找一份什么样的职业等，一定要把资格证的名称、考研的专业、职业的性质确定下来。三是目标要适中，既不能眼高手低，也不能自卑自贱。古人云：“取法乎上，仅得其中；取法乎中，仅得其下。”我们设立的目标如果超过自己的知识、能力水平了，那么目标就会成为空中楼阁。

2. 要分解目标，让你随时充满紧迫感

目标可区分为长期目标、中期目标、短期目标三类。长期目标要瞄准“未来”，要把眼光放到毕业后的人生当中；中期目标是当你设定了

长期目标后，将它分为两半的目标。若设定一下，长期目标定为10年，中期目标定为5年。接着将5年再分成两半，直到你得到了1年期的短期目标时，短期目标是你应该最为关注的目标，其一般不要超过90天，这样才能取得更好的效果。通过这样分解，你就可以把有限的精力放到当前的目标中去，全力以赴。

3. 自我管理的重要内容——学会做事和与人相处

自我管理最终是要去服务社会，融入他人，而不是一味地管理“自我”。所以自我管理很重要的作用和意义是在于它的社会性——学会做事和与人相处。学生经过了大学教育，最终是要进入社会的，所以在大学教育中，在学生自我管理的内容中，重视社会性素质能力的提高是十分关键的。做事，除了做好事外，还要提高工作效率，以最佳的方式完成。做人，除了做好人外，还要做个成长快，成功快，受人欢迎和敬佩的人。

4. 学生自我管理在高校管理工作中发挥着重要作用

学生自我管理渐渐成为大学生管理重要的一面，具有显著的作用。

第一，能够有效地提高大学生的主动性，增强解决实际困难的能力。“自我管理”是以大学生为主的管理模式，大学生扮演管理者和被管理者两重身份，学生主动参与管理，又接受来自自己的管理，充分体现了学生的主体性。

第二，有利于塑造大学生独立性品质，增强社会责任感。“自我管理”实质上是学生的自我约束。在高校规章制度的监督下，增强学生的自我控制能力和独立感，加强学生的主观能动性，使学生在学习生活中，对自己负责，对他人负责，对社会负责。

第三，能够帮助学生认识自我，发展自我。“自我管理”是一种软性的管理，学生在学校制度的约束下，能够充分了解自己的真正需要，在进行自我教育的过程中，有效地弥补自身的不足，实现自我发展。

第四，有助于丰富学生的校园生活，增强学生的实践能力。学生如果自我管理，更能积极地去开展校园活动，丰富文化生活，增强交际能力，社会实践能力也会有所加强。

5. 学好做事做人有几个基础

（1）顺应良好的个性习惯

尽管我们说大学新生是站在同一条起跑线上，但他们实际上是带着将近二十年的人生履历进入大学生活的，一般都有自己的习惯。帮助学生区分他们习惯中哪些是好的习惯，哪些是坏的习惯，并设法改掉坏习惯是非常重要的。比如在学习方式上，有的人是阅读者——通过读收获最大；有的人是倾听者——通过听收获最大。只要能学到知识，这两种都是好习惯。

（2）合理利用时间

大学生要学会掌控时间，就是要合理利用学生拥有的时间和精力资源去换取知识和能力。我们要帮助学生学会善于协调两类时间：一是他控时间，如学校安排上课、实验的时间；二是自控时间，即属于自由支配的时间。一个人每天效率最高的时间只有 20％，所以要用 20％的时间做 80％的事情。此外，锻炼身体并不是浪费时间。

（3）借助他人的力量

一件事情的成功通常是多方面合力的结果，而我们每个人的能力是有限的。因此，你要善于利用这些资源和能力来完成共同的任务。所谓聚沙成塔，众人拾柴火焰高！

（4）善于沟通

大学生生活的圈子小，人际关系相对简单，但学生要学会把所处的环境看成练兵场，培养与人相处的技巧，学习建立良好人际关系的能力。沟通，只要生活在社会上，就要与人打交道，相互沟通至关重要。了解别人，也让别人了解自己。互通有无，才会有 1＋1＞2 的结果。要了解别人，就要学会换位思考，站在他人的立场上来分析问题，以同情的心态接受别人的观点。培养自己迷人的个性、得体的衣着、善意的微笑、诚挚的言谈、积极的进取心，从而让别人了解自己，欣赏自己。通过沟通，建立起牢固的人际关系网，你就有了生产力。

善于做人做事是一个较大的范畴，涵盖很广，市场上也有很多相应书籍和碟片。学校管理做得再好，对于大学生来说只是一种外部的知识传输和秩序的强制执行。而此时的大学生正在积极发展探索、发现、分析、解决问题的能力，也正处在一个自我分辨、自我抉择的时期。这种积极地、主动地认识自身主体的意识是很重要的。值得称道的是，在我校成功素质教育的指导下，我校一直很注重大学生自我管理意识的形成和培养。我们作为素质导师的最主要的工作其实并不在于把学生管理多好，而在于如何给予学生好的观念方法和建议，为他们创造一个良好的成长环境，让他们更好地自我管理，帮助自己走向成功。

6. 大学生实行自我管理的实践途径

（1）创造大学生自我管理环境，实行有效的自我管理

环境的作用对一个人的发展是有很大影响的。环境包括人和物两方面。大学生是学校的主体，是建设文明校园的主力军。高校只有充分发挥学生的自我管理作用，才能建设文明校园，才能培养出合格的大学生。宿舍是学生主要的生活场所。因此，宿舍氛围的营造是一个重要方面。合理良好的宿舍环境对于培养大学生的自我管理能力，发挥巨大作用；教室是学生学习的地方，保持教室的安静是每个学生必须遵守的首要原则。

（2）制定大学生自我管理的一些制度，引导大学生进行自我管理

要使大学生进行有效的自我管理，就必须有相应的制度来约束。实行自我管理，并不意味着放任自流，而必须有一些制度作为底线，否则，难以把握大学生的发展方向，违背高校人才培养的初衷。因此，相关制度的建立，对于大学生的自我管理，起着一定的引导和约束作用。总之，要想有效地实行大学生自我管理，高校全体师生必须意识到自我管理的必要性，在班主任辅导员或学生管理工作者的指导下和一些相关制度的约束下，充分挖掘学生的潜力，增强学生自我控制能力，在自我管理中全面发展。

二、提高大学生的参与程度

大学生参与高校管理，既是其作为教育消费者与接受者的重要权利，又是其保障自身利益的合法权利。为更好地促进与提升高校管理中的学生参与，需要完善学生参与高校管理的机制和提升学生参与高校管理的品质。

随着高等教育市场化程度的逐步深入，高校收费制度和招生录取方式的逐渐变化，高校与学生的关系日益从“管理者和被管理者”的关系转变为“服务提供者与消费者”的关系。伴随大学生成人意识与消费者意识的增强，其既应享有依法参与高校管理的权利，又应基于自身合法身份，获得保障自身正当权益的权利。在高等教育大众化、民主化趋势日益显著的今天，如何科学理性地赋予学生参与高校管理的权利，如何妥善合理地保障学生的权利诉求，是值得谨慎思考与深入探讨的问题。

（一）学生参与高校管理的特征

学生参与高校管理，既是学生作为教育消费者的重要权利，又是学生保障自身正当利益的合法权利。

1. 学生参与高校管理的基本内涵

关于学生参与高校管理的含义，典型的有“全面参与说”和“部分参与说”两种。前者强调学生全面参与学校的各项管理，大学生参与管理是指为实现高校教育与管理目标，大学生从高校正式的组织机构中分享一定的管理权，承担一定的管理责任，在参加高校发展的计划、决策、资源协调和管理中，推进高校管理的民主化、科学化。后者主张学生部分参与学校管理，大学生参与学校民主管理是指在学校管理过程中吸纳学生参与学校和学生利益直接相关事务的评议、管理和监督。它既是学校民主办学的重要途径，也是学校尊重、培育学生主体性，造就创新人才的重要渠道。上述两种观点都以高校管理民主化和科学化为出发点和落脚点。然而，学生身心发展水平的差异性以及学校本身所固有的管理职能，决定了学生参与学校管理是以促进学生主体性发展为前提，

所以学生参与管理更多的是从学校的教育教学活动、校园文化建设和学生学校生活等方面来强调其主体地位和作用，促进其主体性的发展并提升学校管理的科学化水平。也就是说，学生参与高校管理的本质既是高校管理工作中的一个重要环节，又是大学生教育的一种重要手段。

2. 学生参与高校管理的实现形式

在我国，学生委员会（学生会）是高校最基本、最普遍的学生组织和学生参与高校管理的机构，充当学校和学生之间相互沟通的桥梁和纽带。学生会的基本原则是坚持服从党的领导和维护学生利益的一致性，因此学生会既要关心和维护广大学生的利益，又要兼顾党和国家的利益。学生会通过一定的渠道和途径参与学校的日常管理，参加有关对学校工作的监督和评议。根据《中华全国学生联合会章程》规定，学生会的基本任务之一就是沟通学校党政与广大同学的联系，通过学校各种正常渠道，反映同学的建议、意见和要求，参与涉及学生的学校事务的民主管理，维护同学的正当权益。作为学生自我管理的组织机构，学生会在理论上既是学生参与学校管理的主要途径，又是学生进行自我管理的重要组织。

（二）学生参与高校管理的策略探析

学生参与高校管理应该是一个循序渐进的过程。高校应充分重视学生参与管理的权利，落实学生参与管理的权利，为学生参与学校管理提供更适宜的环境与更完善的制度保障。

1. 重视“学生权利”，更新学生参与高校管理的观念

支持和促进学生参与高校管理，在本质上是尊重学生作为消费者与受教育者的合法权利与合理诉求。大部分高校管理者都认为以大学生的现有能力和素质还无法胜任复杂的管理工作，所以在保证学生参与高校管理的方面通常持相对保守的态度。

2. 赋予学生权力，完善学生参与高校管理的机制

明智地分享权力并不等于削弱权力，反而可以多出成果。通过构建与完善相关的学生参与机制，更多地赋予学生参与学校管理的权力，是

未来高校管理体制改革的重要趋势之一。

(1) 构建并完善大学生管理听证制度

近年来，听证制度在我国法治建设过程中发挥了举足轻重的作用，把听证制度引入高校，使其作为保证学生参与学校管理的制度保障，已经引起了人们的广泛关注。目前，我国各高校纷纷建立学生管理听证制度，探索与学生成长需求相适应的学生参与学校管理制度体系，保障学生参与学校管理的合法权利。

(2) 实行大学生代表大会提案制度

学生参与学校管理是我国现代大学制度建设的要素之一，健全的现代大学制度理应为大学生参与管理提供有力保障，借鉴教代会模式施行学代会提案制度，也应当成为保证学生参与高校管理的组织保障。

(3) 完善学生参与高校管理的规章制度

建立和完善学生参与学校管理的规章制度是学生参与学校民主管理和高校依法治校的制度保障。近年来，国内各高校积极探索推进大学生参与民主管理的途径和办法，努力为保证学生参与学校民主管理提供有力的制度保障。

3. 优化"学生参与"——提升学生参与高校管理的品质

促进学生参与高校管理，不应仅仅停留在低层次、低水平的"形式阶段"，而应致力于层次的提高和品质的提升，达到有效、积极和高水平的"实质阶段"。

(1) 提高大学生参与高校管理的层次

参与高校管理可分为三个层次，初级层次以行使知情权、监督权和建议权为核心，中级层次以行使行动权、咨询权和评议权为核心，高级层次以行使决策权、表决权和投票权为核心。目前我国大学生参与学校管理的途径和方式还主要集中在初级层次或者中高级层次的初级阶段，如高校普遍设置的校务公开栏、校长信箱、校长接待日以及实行的学生助理制、学生评议制等，都只停留在知情权、监督权、建议权等初级阶段和层次。学生组织、学生干部参与管理也仅仅停留在宿舍、食堂等生活服务管理层面，对学校重大方针的决策根本无从参与。鉴于大学生身

心发展的特殊性以及群体功能的特殊性，学生参与高校管理的范围和程度可以是有限的，但学生作为学校主体参与学校各个层次管理的权利却是不可忽视的。高校应充分尊重学生参与学校重大决策领域管理的权利，让学生真正享有“参政议政”的权利。

（2）创新大学生参与高校管理的方法

随着网络技术的成熟以及高科技产品在高校的广泛应用，学校可以充分借助当前先进的技术和科技手段拓宽学生参与学校管理渠道。例如，高校可以将微信用于校园信息咨询、交流和反馈等事务，不仅能够用它发布各种公告信息，还可以将其用于向学生征集各方面的提案和意见，成为“随时随地任何学生”参与学校事务管理的一种新的便捷途径。此种形式与方法的创新，能够打破以往学校管理工作在时间和空间上的限制，提高管理工作的效率，使学生参与学校的管理更加人性化和现代化。

（3）增强大学生参与高校管理的能力

大学生作为由成年人组成的群体，已经具备较成熟的思想和独立判断的能力，同时还兼具较强的可塑性和培养空间。高校应当重视对学生参与学校管理能力的培养，创造机会让更多学生关心和了解学校的发展并积极参与到学校管理当中，尤其要鼓励学生参与教学管理、干部选举及奖惩制度等事关自身发展和切身利益的重大事务。

第三节　环境层面

一、营造健康积极的大学生管理大环境

随着网络技术的发展，网络文化建设已经成为社会关注的热点，随着网络信息技术的进步，网民的数量在剧增，网络文化业态呈现了多元化的趋势，它对我们的工作、学习、生活产生的影响也越来越大。高校网络管理中心是全校网络运行的主要支撑平台和防范不法分子利用网络破坏学校稳定的堡垒，是展示学校整体风貌的“窗口”，也是学校重要

的舆论宣传阵地。

（一）提高学生的文化素养、自我调节与管理能力

培养和提高大学生网民对有害信息的自觉抵制意识和能力，对于建设社会主义网络思想阵地具有基础性的意义。首先，要使青年学生学会做自己的心理医生。青年学生的情感丰富而又容易冲动，因此要学会保持健康的情绪，适时宣泄不良情绪，找到合理表达自己诉求的方法，防止过度迷恋网络游戏，就显得非常重要。其次，要使他们学会计划自己的生活，建立合理的生活秩序。现在个别大学生尤其是大学新生，生活自理能力较差，有的甚至难以适应大学的集体生活；另外有的学生不能进行正常的人际交往，建立良好的人际关系。最后，培养学生的道德自律意识。学生阶段是一个人的人生观和世界观的形成与定型阶段，因此教育他们在网络社会里遵守起码的行为准则，自觉加强修养，树立正确的人生观和世界观，显得非常重要。

（二）营造积极健康的校园文化环境

学校应该有意识地组织力量开展网络信息安全方面的科学研究，利用技术的力量对侵入网络的有害信息进行处理，努力净化网络环境，将有害信息拒之校园网外。学校应该加强校园文化建设，丰富学子们的业余文化生活。首先，要以学生为本，积极开展充满时尚和青春活力的文娱活动，想方设法来吸引学生们的兴趣和注意力。其次，及时对沉迷网络游戏的学生给予关心和帮助，为他们营造一个积极、健康的学习和生活氛围。最后，学校适度介入网络游戏，最大限度地控制不健康信息的进入，为学生创造一个积极向上的、健康有序的网络文化环境。

（三）加大网络监管力度，有效管理网络文化

现代大学生，受世界经济浪潮的影响较深，对新鲜事物的探索和尝试较为积极。但是，由于涉世未深，自我控制能力差，一不小心就会做出违反国家法律和社会道德的事情。高校可以发挥思想政治教育的优势，引导大学生明是非，辨美丑，不制作、不传播、不散布有害信息，树立良好的网络道德品质，自觉抵制不良文化的侵蚀。

（四）以学生为本，创新高校网络思想政治教育

树立科学发展观，就要尊重大学生的主体意识，以学生为本，通过教育目标、教育过程、教育手段、教育方法的设计，凸显大学生的主体地位，增强其网络主体的自主性和创造性，提高大学生对网络的驾驭能力，在知识积累、能力锻炼的同时，促进大学生的全面健康发展。

二、与校园文化建设有机结合

高校校园文化是以高校的校园为空间，主体是高校的学生、教职员工，主要内容是课余活动，基本形态是多学科、多领域的文化，广泛的交流和特有的生活节奏，它是具备了社会时代发展特点的群体文化。它是社会主义精神文明在高校的具体表现，是一所高校所特有的精神风貌，也是学生政治文明素养、道德品格情操的综合反映。简而言之，高校校园文化是以教师为主导，学生为主体的，在特定的校园环境中积淀形成的与社会时代发展密切关联且具备校园自身特色的人文氛围、校园精神和生存环境。

（一）校园文化与学生管理的基本内涵

1. 校园文化的内涵

校园文化是指由全体师生员工在长期的教学实践过程中培育形成的共同遵守的道德标准、价值观念及行为规范。它以学生为主体，以校园为主要空间，以育人为导向，以精神文化、环境文化、行为文化、制度文化建设为主要内容。环境文化是校园文化的基础，主要包括“硬环境”和“软环境”；精神文化是校园文化的灵魂，包括校风、学风、教风、作风等。

2. 学生管理的内涵

学生管理是指大学生管理工作者通过各种手段，对学生在校期间的学习、生活和行为进行管理和规范，旨在维护高校正常的教育教学秩序和学生的生活秩序，保障学生身心健康，促进学生德、智、体、美全面发展。

3．校园文化对学生管理的重要意义

校园文化与学生管理具有密切的关联性。第一，二者目标一致。校园文化与学生管理都以育人为目的，以为社会培养高素质的综合型人才为目标。第二，二者主体一致。校园文化以学生为主体，学生是校园文化建设的参与者与受益者。学生管理同样以学生为主体，学生是学生管理工作的中心。鉴于校园文化与学生管理在提高学生综合素质、培养复合型人才的一致性，加强校园文化建设必定可以推动教育管理工作的完善和创新。学生思想和行为内容不断延伸，新的发展时期的教育管理离不开“学生本位”的教育思想。充分发挥学生的主观能动性，对于学校和学生的发展以及校园文化的建设大有裨益。因此，一切为了学生，为了学生的一切，尊重和保护学生的人格和天性等先进的教育理念必须被广大教育管理工作者所接受和运用。校园文化作为一种群体性文化，通过长期的沉淀与升华，形成了人们共同遵循的价值标准、行为规范和崇高追求。而校园文化所具备的导向、陶冶等功能，潜移默化学生的思想和行为。学生在特定的人文环境的熏陶下成长，形成健康的人生信念和价值追求。

（二）构筑良好的校园环境文化，为大学生管理提供物质保障

学生管理是以服务学生为根本目的，为学生构筑良好的、有序的校园环境是管理学生的前提。高校校园环境文化首先是包括校园物质文化环境，它是指高校为师生员工学习、工作、生活、娱乐等活动提供的物质条件。高校的物质文化环境是高校校园文化的“硬件”，也是大学生管理工作的基础环境或基础条件，如果没有良好的校园物质文化环境，高校校园文化无法健康地发展，大学生管理工作也会缺乏相应的物质保障。

（三）创建科学的制度文化，促进大学生管理和谐有序

高校校园文化，是社会整体文化的一部分，必须加以科学引导和规范，因而要创建科学的制度文化。制度文化是校园规范化建设和制度化建设的集中体现，这要求大学生管理必须在各种制度、规章的约束下进

行，规章制度对教师教学行为的约束、对学生行为规范的养成、对校园健康向上氛围的形成有着很大的促进作用，这也将促进大学生管理和谐有序地开展。

（四）校园文化建设是促进学生管理工作的基本途径

1. 加强校园环境文化建设，提升服务学生能力

校园环境文化可称为校园物质文化，与精神文化相对。它是校园文化中的基础系统，是校园文化建设的前提，是精神文化的有效载体和实现途径，也是校园文化的直观体现。

（1）重视校园“硬环境”的建设

所谓“硬环境”又称物质环境，主要包括校园建筑、校园景观、教学设施、体育文娱设施及周边环境等，这些能看得到、摸得着的实体无不反映学校的教育理念和精神风貌，物质环境是开展育人活动不可或缺的基础和物质保障。

（2）重视校园“软环境”建设

“软环境”是相对“硬环境”的一个概念，也是一种精神环境，主要包括校园内的人际氛围、舆论氛围等。人际氛围主要指校园内的各类人际关系，包括教师与学生、学生与学生、教师与教师、领导与教师之间多层次的人际关系。每个人都不是孤立存在的个体，大学生所有的学习和娱乐活动都是在与人交往的过程中实现的，大学是个小社会，社会交往是大学生社会化的根本途径。

2. 加强校园精神文化建设，营造和谐育人氛围

（1）重视传统教育

中华优秀传统文化是中华民族的根基和血脉，也是大学生身心成长的指路明灯。高校教育工作者要坚持“取其精华，弃其糟粕”“传承与创新相结合”等原则，通过各类教学和文化活动，如实践教学、演讲比赛、征文大赛、文艺会演等活动形式，传播优秀的传统文化、自强不息的进取精神等。同时，深刻挖掘学校的文化底蕴和历史传统，讲清楚学校的历史和文化，使学生感受到学校的魅力所在，从而激发学生的自尊心、自信心以及爱国、爱校情怀。学生管理工作者只有本着与时俱进的

原则，融入先进的教育理念，方能不断深化校园精神文化。在优秀传统文化熏陶成长下的学生，更易于塑造健全的人格、培养高尚的品格，这与学生管理工作的目标相一致。

（2）加强校风建设

校风即学校的风气，是一所学校鲜明的个性特征，它体现在全体师生的精神风貌上。校风是一个多层次、多要素的动态系统结构，涵盖教风、学风、作风、班风等各类校园风气。良好的校风有利于学生思想品德、道德情操、行为习惯的形成。因此，校风建设是育人的关键环节。教师是人类心灵的工程师，加强师德建设、提高教师的业务素质有利于形成良好的教风。良好的教风对学生汲取知识、培养能力意义重大。班级是学生获取知识和提高素养的主要场所。和谐、向上的班集体对学生的学习兴趣、道德品质、行为习惯和良好学风的形成有着促进作用。为加强班风建设，首先要对班级日常管理进行严格要求，用制度来约束学生言行；其次要营造浓厚的学习氛围，通过互帮互助、嘉奖优秀等方式激发学生的学习动力，培养学生良好的学习习惯，使每个学生都能成为群体的典范。此外，宿舍是学生生活起居的唯一场所。良好的舍风有利于学生养成好的生活习惯，如早起早睡、勤奋上进、锻炼身体、读书看报等。好的生活习惯对于学生进入社会、成家立业有着长远、深刻的影响。为加强舍风建设，需要严格宿舍制度，对于不遵守宿舍制度的学生加以管教和约束。还要发挥学生干部的榜样作用，带动普通学生养成健康的生活习惯。

3. 加强校园制度文化建设，建立完善规章体系

（1）完善规章制度体系

校园规章制度是全体师生共同遵守的行为准则。对于学生来说，规章制度犹如一面镜子，时刻提醒学生正其观、端其行，避免违反纪律、误入歧途；对于学校来说，规章制度是学校文明的标志，学校力求在育人实践中加强“制度化、科学化、规范化”的管理，努力使各项工作有章可循。严格的规章制度能保证教学工作的顺利推进，是学生成才的重要保证。因此，建立和完善科学的规章制度体系尤为重要。

（2）提高规章制度执行力

学生管理工作以学校各项规章制度为依据，规章制度的执行力影响着学生管理工作的成败。科学的规章制度是学校各项工作开展的保障，但若有令不行，有章不循，有错不罚，再好的规章制度也是纸上谈兵。所以，提高规章制度的执行力是保障各项制度落到实处的根本途径。

第四节　体制建设层面

一、加强法治化建设

高等院校作为社会一个不可或缺的组成部分，其科学、文化的传播能够直接影响我国的法治化建设。同时，在我国社会主义法治化建设方针的指导下，加强全社会公民的法律意识和法律素质，实行大学生管理工作的法治化是非常必要的。

（一）大学生管理工作法治化建设推进的具体措施

大学生管理工作法治化建设的推进，其主要目的在于营造一个良好的法治氛围，在促进学生全面健康发展的同时，为社会经济建设做出力所能及的贡献。结合大学生管理工作开展的现状，可以从以下方面采取措施，推动法治化建设。

1. 制定完善的法律监督管理制度

高等院校在学生管理方面有很多权利，这些权利具有一定的意志性以及单方强制性。长期以来，我国在法治建设上还存在一定的不足，对于高校的学生管理工作也缺乏司法审查，很多在校大学生的合法权益得不到维护。要制定一个完善的高校教育法律体系，依法规范高校管理工作，以促使司法程序充分地贯彻到大学生管理工作过程中，通过法律的途径使高等院校和学生的权利平衡得到保障，保护大学生的合法权益。

2. 开展专题教育讲座，传播法治理念

大学生管理工作的法治化建设，首先应对学生的法治理念进行培养。在众多法治化教育手段中，专题教育讲座是较为有效的一种。可以邀请一些较为著名的讲师就大学生感兴趣的某一内容进行教育和引导。

3. 提升大学生管理工作队伍素质

在大学生管理工作中，一个高水平、高素质的管理队伍能够有效地提升学生管理工作的效率。高校可以在思想教育工作者中挑选一些理论知识相对扎实，而且具有一定工作热情的人员，对其进行法学理论的相关培训，让这些思想工作者掌握法律专业知识，并鼓励其考取相关的证书和更高层次的执业资格，将这些掌握法律专业知识的思想工作者作为学生管理工作的中坚力量。也可以在校外聘请一些专职的法律相关工作者，组建成一个大学生法律救助的组织，与一些司法单位建立一个长期稳定的合作关系，共同受理申诉的各类案件。

4. 建立正规的管理程序

实现法治化的重点，在于管理的具体程序。学校还要设立听证制度，对学生的知情权进行进一步的保护。学校应建立相应的申诉体系，让学生拥有为自己辩护的权利，并设立有效的司法救济体制，对学生的合法权益实施最大化的保护。

5. 充分利用“校地联动共学共育”环境，营造法治化氛围

加强和推进大学生法治教育，仅仅局限在校园内是不可行的，只有让学生与社会实际进行接触，学生所掌握的法律知识及形成的法律理念才能派上用场，否则就是纸上谈兵。结合“校地联动共学共育”实践活动的背景来看，校园作为根本的基地，承载着这一实践活动的资源需求，同时也为大学生法治教育工作的开展提供了实践的平台和渠道。

6. 坚持平等，服务学生

高校应有平等、履行义务的意识，满足学生的合理要求。对教学不重视，对后勤服务关注不力的情况高校应尽力改变，这是履行国家交给学校的义务，也是高校履行对学生的“服务”。

总而言之，就大学生管理工作的法治化建设来说，教师应起好模范带头的作用，为学生法治化理念的形成奠定基础和条件。

二、健全管理机制

应顺应大学生的特点，创新管理模式，建立健全管理机制，在加强学生管理队伍建设和相关的规章制度建设等方面有针对性地提出对大学生管理工作可供操作的对策和建议。

（一）建立科学的学生管理机制，强化管理队伍建设

解放思想，更新观念，建立“以学生为本”的科学管理机制。人是教育的基础，也是教育的根本。一切教育必须以人为本，这是现代教育的基本价值。所以，笔者认为高校应树立以学生为本的教育管理核心理念。

（二）规范管理，完善规章制度

规范规章制度制定程序是关键。目前，高校的规章制度一般都是由有关职能部门负责起草，法治工作部门负责审查，经校长（院长）办公会议审议通过后，由学校公布施行。从学校的实际、学生的实际出发，把学生管理的内容和要求体现在管理的各项制度中，使学生在日常的学习和生活中受到潜移默化的教育。同时根据不断变化的新形势，及时调整和完善相应的管理制度，做到与时俱进。

三、提升信息化管理水平

（一）大学生管理信息化建设的必要性

大学生管理的信息化建设是大学生管理进步的内在要求，信息化平台的建设也为大学生管理工作提供了具体的服务内容。除了教学管理工作外，学生管理工作也是高校管理的一项重要工作。高校作为国家教育的重要主体，关系到国家教育水平的发展和社会进步。大学生的教育工作不但是专业知识和技能的培训，还包括大学生心理健康以及发展综合素质的提升。大学生辅导员是学生日常事务和学习生活的辅导者和管理

者，对于学生的发展和成长起着关键的作用，越来越多的日常事务和学习管理工作，都能够通过信息技术和网络技术实现，信息化建设已然成为学生管理工作的一个有效途径。

（二）大学生管理信息化建设模式

推动大学生管理信息化建设，关键就在于对学生管理工作的相关信息进行采集和处理，将这些信息按照一定的信息处理规范，建立学生信息管理数据中心，采用一系列计算机技术开发学生管理工作的业务系统，实现对学生信息的管理，并在网络平台上实现多部门的学生信息管理服务，为学生提供一体化的信息服务。学生通过信息化管理模式能够更快更准确地获得信息，学校也能通过信息化管理平台更加高效地处理学生信息，整体提高了高校的管理水平。

（三）大学生管理信息化建设策略分析

1. 充分认识到信息化建设的重要性

信息化浪潮的到来把高校信息化建设的问题推上了全新的战略高度，高校作为国家教育活动的基本单元，对社会发展和科教强国的策略起着至关重要的作用，我们首先要充分认识到信息化建设的重要性。深入理解信息化系统的优势，从人为角度优化管理工作，借助信息化系统能够实现更快更好的管理。

2. 提高管理人员水平，加强信息化建设队伍建设

为了更好地推动大学生管理信息化建设，还要从管理者入手。建立健全的管理系统，管理队伍非常重要。管理队伍是学校管理决策的制定者，是管理制度的执行者，是管理工作中协调者，对管理水平有着较大影响。

3. 明确建设目标，整合管理资源，加快信息化建设步伐

大学生管理的信息化建设要有明确的发展目标和发展规划，信息化技术的不断发展决定了教育管理同样需要宏观的规划。信息化建设在既定的目标下，按照不同机构和不同阶段，不断统一并完善系统，避免管

理系统中因为信息交流困难而无法实现管理职能。

4. 不断完善管理信息系统，具体化管理功能

推动大学生管理实现信息化建设，要在硬件具备的条件下不断完善管理信息，利用好管理信息系统来开发功能模块，除了运用先进的管理体制外，还要借助管理平台落实各种管理功能，让信息化管理落实到每个管理环节，提高学生管理的整体效率。

第七章

高校教育管理的信息化发展

第一节　高校教育管理信息化概述

一、高校教育管理信息化的含义

高校教育管理信息化是高校在教育管理中普遍运用现代信息技术，如计算机、网络通信及多媒体等，对各级各类教育事务进行管理，从而达到提高教学质量、提升教育管理水平的目的。高校教育管理信息化是管理信息化思想在高等教育领域的衍生品，不仅是指各类信息技术与教育的融合应用，更是现代化管理思想在教育领域的深度渗透。要想准确理解高校教学管理信息化的含义，我们需要明确以下几项内容。

（一）信息化管理是高校实现管理现代化的过程

信息化管理是指对企业信息实施过程进行管理，多应用于企业管理之中。企业信息化管理是以信息化带动工业化，实现企业管理现代化的过程。增强企业的核心竞争力、实现企业价值的最大化是企业实施信息化管理的最终目的。为达到经营目标，企业将现代信息技术与先进管理理念相融合，借助管理工具和管理手段，转变企业的生产方式、经营方式和组织方式，改造和优化业务流程，整合企业内外资源，有效利用企业人力、物力和财力，提高企业效率和效益，增强企业的竞争力，以适量投入获取最佳效益。在企业信息化管理中，运营是关键，业务流程的优化或重组是核心，信息化是手段。

借用企业信息化管理的定义，人们可以认为高校管理信息化是实现高校管理现代化的过程。不同于企业信息化管理，高校管理信息化的根本目的在于帮助高校进行人才培养。实施高校教育管理信息化的过程是将现代信息技术融合到高校教育管理中，利用信息技术整合高校内外资源，转变、优化高校管理机制与管理流程，促进高校科学决策、规范管理和提高科学管理效能，以推进高校改革发展，提高高校教育教学质量和办学水平，增强高校竞争力。

（二）信息化管理是信息技术与学校教育管理的融合与创新

企业信息化管理的关键是信息集成，其核心要素是数据平台的建设和数据的深度挖掘，通过信息管理系统把企业的设计、采购、生产、制造、财务、营销、经营、管理等各个环节集成起来，共享信息和资源，同时利用现代的技术手段寻找潜在客户，有效地支撑企业的决策系统，达到降低库存、提高生产效能和质量、快速应变的目的，增强企业的市场竞争力。因此，数据的抓取与挖掘是高校实现教育管理信息化的基础，通过建设服务教学、科研、行政、后勤的管理信息系统，将高校招生就业、教学科研、行政保障、财务资产、社会服务等各个环节集成起来，形成系统的联动与数据的共享，为高校实施精细化管理和科学决策提供数据基础，提高高校科学管理效能，以达到提高教育教学质量和办学水平的目的。

一方面，高校实施信息化管理的过程是对传统管理模式、管理体制机制的改变，包括管理的重组与变革，业务流程的重新设计与优化；另一方面，需要运用信息技术对业务流和信息流进行有效控制和管理，实现每个部门、每个岗位、每个工作节点的数字化、规范化和标准化。然而，信息化管理并不是信息技术与管理的简单结合。在高校实施信息化管理过程中，往往也会出现信息系统的应用与现行的管理制度、组织行为发生激烈冲突的情况，特别是当真正的创新需要发生在管理层面，甚至治理结构层面时，信息系统往往无法提供更多的帮助，这时需要通过信息化带动组织的管理创新，站在高校战略发展的高度，重新审视校园文化、办学理念、管理制度、组织结构等，将信息技术融入高校新的管理模式和方法中。

（三）信息化管理是动态的管理过程

信息化管理是一个动态发展、循序渐进的过程。管理信息系统的建设必须紧紧围绕组织的发展战略，满足组织发展和业务应用的需求。高校办学本身是一个动态发展的过程，不同的阶段有不同的重点，随着高校教育改革进程的不断推进，对信息化管理的要求也有所不同，因此高校信息化也必然是一个动态的管理过程。高校的信息化系统软硬件建设必须满足高校的动态发展需要，适应业务的灵活变化，形成一个从规划、实施、应用到评价的良性循环。

二、高校教育管理信息化的主要特征

（一）系统性

高校教育管理信息化是一项复杂的系统工程，包含教学科研管理的信息化、学生教育管理信息化、基础设施管理信息化、行政管理信息化，牵涉到政府部门、高校、教师、学生、社会机构（软硬件提供商、电信部门）等主体，这是高校教育管理信息化系统性特征的主要体现。因此，高校要充分协调好与相关主体的关系，建立持久和谐的合作，使信息化资源能够得到更合理的配置，服务于教育管理，使教学科研管理效率得以快速提升，使教育管理信息化系统能够有效支撑教育治理体系和治理能力的现代化。

（二）目标性

高校教育管理信息化作为教育现代化的重要组成部分，具有实践性和目标性。首先，国家层面的主要目标为通过教育管理公共服务平台，准确全面地掌握高校动态数据，辅助教育决策，提高教育监管能力，提升教育管理水平。其次，学校层面的主要目标为充分利用信息化基础设施与信息资源，节约工作时间，提升学校行政、教学、科研等职能的管

理效能，实现信息技术与教育教学的深度融合，达到提高教学质量、增进办学效益，改善教学条件，提升学校的管理效能，促进教育发展的目的。

（三）协同性

高校教育管理信息化系统是一个非线性的反馈系统，该系统内资金投入量、基础设施及信息资源建设、信息化人才储备量、教师及学生信息素养、科研及教学管理效率、教育评估体系、利益相关者重视度、政策规划完善水平、教师及学生数量等各要素之间具有反馈作用，同时高校教育管理信息化系统又受到外部主体的经济水平、教育水平、信息化发展水平等外部环境的反馈作用影响，既有促进管理信息化发展的正反馈作用，又有阻碍其发展的负反馈作用，因此，高校协调好系统内外各要素的平衡发展是教育管理信息化建设的关键所在。

（四）可塑性

高校教育管理信息化构成元素的复杂性和系统性决定了其不稳定性，其中包括人的因素、物的因素，以及政策导向和社会经济条件发展等因素的影响，高校教育信息化资源往往具有很强的可塑性，如教师学生资源的发展性，教师教学能力、学生学习能力、师生的信息素养水平都可以通过多种途径得到不同程度的提高。在信息化时代，高校教育管理的可塑性特征越发凸显。

第二节　高校教育管理信息化建设

一、高校教育管理信息化建设基础

高校教育管理信息化建设具体指，高校部门管理人员通过互联网技术和数据信息的有效配合，将高校日常的教育与管理工作进行数据的对接与应用，用数据引领，对整个信息管理过程进行全面管理和控制，实现各项管理工作信息化数据科学支撑的精准效能。

（一）构建学以致用信息化教学模式

教学对于高校教师而言，就是在教育管理信息化建设中，为了更好地运用大数据时代的功能应对社会需求，不断对传统的教育管理工作进行科学的改进和完善，并在教学实践中提升信息技术的应用效果。例如，在专业课程教学中，为了进一步提升专业课程设置的合理性，教师要对不同专业所联系的行业进行深入的调查研究，利用互联网全面搜集行业发展数据信息，并通过对相关信息的科学整理和分析，进一步明确社会对本专业人才的需求特点、对人才素质的具体要求，通过数据比对分析对专业课程内容进行合理设置，促使所教授的知识与社会需求密切关联；充分利用网络功能及时了解行业发展动态，在相关数据信息的引导下，及时预判未来期间内的行业发展方向，有针对性地进行专业课程教学工作调整。在对大学生需求性的教育引导下，帮助学生不断完善专业理论知识，为职业技能锻造打下坚实的基础，注重理论联系实际，强化学以致用。比如，教师可以引导学生利用互联网选择目标企业，通过多视角、多范围进行数据信息分析，在对多家优秀企业运营数据信息的搜集整理中完成比对、找出规律，并结合所掌握的专业知识，分析当前目标企业在运营中存在的不足之处，用专业所学针对企业产供销等工作提出学习性改进措施与建议，培养学生的创新意识，促使学生通过实践活动将所学理论与客观实践进行有机结合，在大数据运用学习中不断增强专业实操能力。

（二）科学完善教育资源数据库信息系统

教育资源数据库建设是高校教育管理信息化的重要组成部分。通过对教育资源数据库的智能完善，为整体教育管理信息化建设工作的开展提供强有力的支持。高校教育资源数据库信息系统的建设主要包括两部分内容。

1. 确保数据库的知识获取功能

高校可以通过互联网平台与其他科研机构、院校等进行联系，并建

立起相应的教学资源共享机制，通过采集、吸纳、共享拓展教育资源获取渠道，并将所获取的教育资源存储到相应的数据库中。在渠道拓展的基础上，对专业课程资源进行广泛征集，并对所搜集到的教育资源进行筛选。根据高校需求，为了确保数据库的有效性，教务管理部门应该鼓励教师积极参与到本校教育资源的开发中，如主动在校园网络平台中上传所制作的教学课件、研究成果等，教务管理部门可以从中筛选出具有现实性的教学素材，收录到学校数据库中，作为学校教育资源数据库的补充。

2. 进行数据信息科学分类

在高校教育管理中，为了帮助教师、学生或相关需求者方便快捷地调取数据库资源信息，在教育资源数据库信息系统建设中，技术人员要注重对数据库所采集的资源信息进行科学布局、分类整理，在分类整理中遵循科学便捷的原则。

（三）强化网络教育平台建设

网络教育平台是大数据背景下高校教育管理信息化的重要载体，也是实现传统教育模式改革的重要途径。因此，高校教育工作者应该对网络教育平台建设足够重视，全面学习大数据知识，明确大数据知识的意义，确保今后工作的科学高效。在网络教育平台建设中，应该从网络硬件设备的完善开始，重点进行网络教育平台功能的完善，具体体现在以下两个方面。

1. 网络教学功能

网络教育平台建设的主要目的就是为高校课程教学服务，所以，必须凸显其教学功能。利用所建立起来的网络教学平台，安排专业教师定期开展相关课程的讲解，学生只需要借助相应的账号登录平台即可进行专业课程的学习。为满足学生课余闲暇、兴致性研讨，学校还可以开设特色网络课程，如特色案例解析、应用模拟等，充分发挥网络课堂的应用功能。

2. 信息交流功能

利用所建立起来的网络教学平台，实现教师与学生的实时在线互动，在互动中完成相关教学课题的探讨。通过信息交流，可以帮助学生将学习困惑及时反馈给专业教师，然后在第一时间得到解答，在信息交流过程中，引导学生针对特定的课题内容各抒己见，并在课题探讨过程中不断提升课程内容的学习效果。另外，高校还应强化网络教育平台的管理工作，如安排专门的技术人员及时对平台进行检查和维护，做好相关软件的升级，修补系统漏洞，确保网络教育平台能够高效稳定地运行，充分发挥网络教育平台的作用。

二、大学生管理信息化的建设

（一）创新管理手段

随着新时代的发展，高校也需做到与时俱进，其管理手段必须不断优化和完善，根据高校自身发展情况，利用与高校管理方式相结合的软件产品，并在学生信息化管理过程中由局域网推行到开放式的网络，将传统的口头纸质文件通知方式转换成利用信息化信息技术方式，以更好地了解学生情况，促进大学生管理水平的提升。与此同时，通过创新管理手段，可以使教育管理决策更加人性化、透明化、民主化。可以让学生运用信息化管理平台为高校管理出言献策，使高校管理与学生融为一体，以便更好地进行管理。

（二）加强校园安全创新管理

打造校园安全创新管理是大学生管理信息化的重中之重，为此，高校在学生管理工作过程中，需要从以下几点入手。

第一，要及时引进先进的安全防护技术，并借助网络防火墙、入侵检查系统及一些硬件设备使信息的安全等级得到提升。

第二，高校在信息管理权限设置上要更加严格，可以根据管理者的管理内容设置各自账号，不同管理者的账号也各不相同，并且每个人的

账号都为私人账号，仅限本人使用，切不可出现泄露、借用等现象。

第三，要制定明确的大学生管理信息系统的使用制度，对于由于内部管理人员的疏忽、泄露学生信息的管理等问题，将进行严肃处理，确保学生创新管理系统的安全。

（三）注重信息化创新管理研发队伍的建设

首先，高校要成立专门的信息化创新管理研发部门，将信息化管理队伍进行职业化。专业化地培养、提高他们对信息化创新管理的应用手段，使他们能够以专业的角度思考问题，从而提高整体信息化创新管理研发队伍的水平。其次，高校要注重信息化创新人才的引入，借鉴国内外研发经验，以“取其精华，去其糟粕”的态度，推进高校的信息化创新水平。最后，要制定有效的绩效评定体系，提高他们工作的积极性。

（四）增强信息化创新管理意识

高校要进一步增强信息化创新管理意识，全面认识信息化管理的重要性。一方面，高校管理者要注重以人为本、全面发展的理念，能够根据高校实际情况制定一套适合本校发展的信息化创新建设方案，不断转换学生教育管理工作的思维角度，以高瞻远瞩的目光看待问题，实现高校资源的优化配置，将大学生信息化管理优势发挥到实处。另一方面，高校管理者要具备合作意识，能够与师生、行政管理者之间做到有效沟通，以便能够更加清楚地了解信息化发展状况，从而有针对性地解决相关问题。

三、高校教育管理信息系统的建设

（一）基于教育信息化 2.0 的教育管理信息系统

教育信息化 2.0 行动计划的内容包含其总体要求、目标任务、实施行动和保障措施。在教育信息化 2.0 的实施、发展过程中，总体要求和目标任务的完成需要借助八大实施行动和五大保障措施的落实和不断深化。但基于当前的教育信息化发展现状以及教育管理信息系统，教育信息化 2.0 实施行动的八大行动细则在实施过程中较难推行，在教育管理信息系统建设和项目管理过程中会遇到诸多问题。

1. 信息系统分析

(1)“互联网＋教育”大平台的建设

在教育信息化 2.0 行动计划实施推进过程中，积极推进“互联网＋教育”显得尤为重要，对于构建网络化、数字化、智能化、个性化、终身化的教育体系，建设人人皆学、处处能学、时时可学的学习型社会，实现更加开放、更加适合、更加人本、更加平等、更加可持续的教育都有着重要意义。而“互联网＋教育”大平台的建设则能为积极推进“互联网＋教育”打下坚实的基础，对普及教育数字资源、规范数字校园、覆盖网络学习空间、推进网络扶智工程和智慧教育创新发展起到促进作用。如何建设“互联网＋教育”大平台，如何更好地实现其目的，值得我们深思和研究。

首先，教育资源对于学校教育、网络教育和每个人的学习都有着至关重要的作用，而教育数字资源的全网覆盖必然依赖平台的建设与发展，所以网络公共学习平台必然是“互联网＋教育”大平台的主体及不可分割的一部分。同时，无论是个人学习获取信息，还是教育管理与教育改革，沟通与交流对于提高其效率、整合教育资源、提高知识创新性等方面都有着相当重要的作用。所以，建设网络公共交流平台对于“互联网＋教育”大平台的建设也是相当重要的一部分。

其次，教育信息、资源的共享互联还有待发展和完善。当前，虽然教育人才信息、教育资产、教育知识资源等网络信息系统和数据库逐渐建立，有的已实现互联共享，但还不够完善，各地的政府教育机构及学校的教育资源大部分还处于局域互联网阶段，主要面对校内师生和政府内部机构管理人员，并未实现与中央对接、对外开放。

再次，“互联网＋教育”大平台建设的规划设计和安全稳定运行与维护对于“互联网＋教育”大平台更好地实现其构建网络化、数字化、智能化、个性化、终身化的可持续教育体系，更好地为学校师生和各界

学者服务也有着指导性的意义。在规划设计过程中对各教育阶段、各知识体系、各教育资源种类等进行有针对性的详细划分和结构框架设计，可使人们在查找信息、学习所需知识技能时更加快捷高效、方便智能。个性化的服务体系和整合分类的信息资源，对于改善网络教育体验和“互联网＋教育”大平台的推广普及也有着促进作用。同时，可持续的安全稳定平台建设也是“互联网＋教育”大平台建设与发展的立身之本。对于网络用户来说，平台的个人信息安全和安全稳定运行是其对系统应用的基础要求。随着社会的进步和互联网的发展，人们对网络平台的用户体验和网络安全等要求也越来越重视。

最后，应重视各种信息化技术在“互联网＋教育”大平台的建设与发展完善过程中的应用。伴随互联网的发展和信息化程度越来越高，信息技术的应用逐渐深入现代社会的各行各业，如物联网技术、三维数字化技术（3D技术）、大数据技术、人工智能技术、云计算等新兴技术逐渐发展成熟，教育信息化必然会迈向现代化教育新阶段，这也是教育信息化发展的必然趋势。

（2）移动教育管理信息系统的开发和推广发展

随着移动互联网技术的不断应用和发展，在移动设备上的教育学习已经成为人们教育学习过程不可分割的一部分，它在使用上的便捷性、灵活性和教育资源全面性、多样性等特征使人们在手机上获取信息和知识技能成为一种学习生活习惯，让移动远程教育逐渐成为教育信息化发展过程中的一种主要教育方式，也将会是未来教育的发展方向。所以，教育信息化必然应包括教育移动化和移动教育平台的开发和推广发展，而移动教育管理信息系统的开发和推广则理所当然地成为教育管理信息系统建设与完善过程中必不可少的一部分。

移动教育平台的研发和应用对于学校师生和各界学者来说，已经随着现代社会移动设备的普及成为迫切的需求。而且，移动教育管理信息系统的普及，对于提高各校和各地政府教育部门的教务管理、信息共享、沟通交流效率有着相当重要的促进作用。在当今移动设备已经普及的移动互联时代，我国教育相关部门和学校应重视移动教育管理信息系统及其移动互联网教育平台的开发与应用，使人们的教育真正走向移动教育新时代，让远程教育和移动学习更加快速地发展与应用普及，提高我国教育信息化水平，加快教育现代化进程。

（3）教育信息管理系统有待完善

教育管理信息系统包括教育相关的各类信息系统，其中有很多都已建立并应用。例如，教育信息系统包括学生信息系统、教职工信息管理系统、学校管理信息系统、学籍信息系统、图书馆信息系统、直属高校基建管理信息系统、出国留学生管理信息系统等。还有教育信息功能应用型系统，如教育统计系统、学生资助信息管理系统、教育决策支持服务系统、教育规划与建设系统等各类系统。

教育信息数据作为教育信息化的产物，随着国家教育管理信息系统的陆续上线和部、省两级数据中心的投入使用越来越多地开始集中，大量数据的处理以及安全使用给我们带来了巨大的挑战，系统中的数据集中和统一存放对信息系统的运行与维护保障工作提出了更高的要求，如保证数据的完整性和安全性、保证数据管理分析的可用性等。而且，随着教育信息数据的不断积累和社会教育发展的迫切需要，教育信息数据应用于教育和其他相关领域的发展也显得尤为重要和突出，政府、学校和社会急需建设采集处理教育信息和信息数据功能应用的各种教育相关的教育管理信息系统来为大众服务。

随着教育信息化的不断深入发展，教育管理信息系统仍有待建设、发展和完善，还应不断完善增加其他教育信息系统和教育功能应用型系统等教育相关系统的建设与发展规划。当前的教育管理信息系统虽然已经逐渐完善，但信息系统在功能应用和系统完善上相对国外尚未健全，许多功能还未开发建设，数据采集和数据处理有待加强，教育信息的应用还未完全普及，教育资源数据库的互联整合还有待完善。

2. 项目管理分析

（1）资金管理

教育管理信息系统中系统平台、数据库、硬件设施等配套的建设和

完善离不开大量的资金和人员的投入，而所需资金则起着决定性的作用，是建设教育信息化队伍的有力保障，对于加快教育管理信息系统的建设和完善以及加快教育现代化有着巨大的促进作用。同时，由于缺乏专业的人员研究当地实际情况，导致教育信息化经费的投入结构不够合理，该问题主要集中在网络、硬件设备等基础设施建设，而对于管理软件的开发更新费用投入相对较少。所以，资金的不断投入与有效管理利用也是教育管理信息系统建设过程中不得不考虑解决的问题。

（2）管理体制

教育管理信息系统对我国教育信息化建设的发展有着重要意义，随着教育信息化的不断发展和深入，在教育管理信息系统平台的普及应用过程中，逐渐暴露出了很多比较突出的问题。

首先，教育管理信息系统的各个种类和功能用途很多，水平参差不齐；教育管理信息系统灵活性差，缺少可扩充性和开放性，缺乏一套完整的网上信息交换规范；教育管理信息化标准不够完整、统一、规范。我国政府和社会各界虽然随着教育信息化的发展逐渐重视教育信息化的标准化发展，如平台与媒体标准引用组谱规范、学习资源封装规范、问题测试互操作规范等一系列促进系统接口一致化、资源封装规范化的标准应用，但标准化体系建设还不健全，各地区、各校应用不到位，导致全国教育信息系统无规范、无标准的“开发热”，使信息孤岛问题严重，资源重复建设且无法交换，系统水平参差不齐，系统功能不够完善，有的系统甚至不便操作，无法使用。

其次，教育信息化组织机构是各地区教育部门和学校信息化工作得以推进和落实的基础保障，然而，目前存在教育信息化管理体制不明确，缺乏统一机构设置，管理职能不健全，各教育行政部门和各学校相互之间教育管理信息系统建设不协调的问题。

目前，省级行政部门的教育管理信息化的发展主要由科技处、信息中心、电教馆三个单位负责，但这三个单位的职能划分不清晰，相对不同地区的责任职能差异较大，有交叉重叠和覆盖不全的现象。而在区县级地方部门，教育信息化的相关工作都只有一个部门负责，导致各地区下级部门在不同上级部门的政策不协调的情况下无法实施工作。而且，由于各地教育信息化管理体制不健全，教育信息化相关部门管理协调能力不足，配合机制不通畅，导致教育信息化建设缺乏统筹规划发展，很难支撑和协调不同业务部门的教育信息化建设需求，建设模式和进度难以协调。此外，还有不少地区的教育行政部门尚未配套建立教育信息化管理机构，更是严重阻碍了教育信息化的发展进程，使教育管理信息系统的建设与完善也受到影响。

教育行政部门和学校的管理信息系统的建设需求有较大差别：教育行政部门主要用于教育政策制定和实施，对各地区教育行政部门和各校进行管理；而学校主要为了校园内的教育和日常运转管理。虽然教育行政部门和学校都有教育相关的系统业务服务，但针对的群体有较大差别。并且，教育行政部门的管理信息系统当前大多是按业务线索分散独立建设，学校一般都是建立整合共享教育信息和教育资源的管理信息系统。这些都对教育信息化及教育管理信息系统建设的管理体制提出了较高的要求。

同时，教育管理信息系统的运行与维护体制不健全，系统平台的运行不够稳定，服务不够完善，软件系统更新较慢，数据的采集、处理、保障、共享机制有待完善。教育管理信息系统的安全稳定运行与更新、系统平台服务、系统数据采集维护等都需要通过中央及各地政府教育部门和学校建立长期有效的运行与维护机制的支撑和保障来完成。例如，许多学校和政府教育部门的系统平台建立较久，但随着学校的扩招和教育的发展改革，当前的系统平台已经远远满足不了学校的信息共享、教育资源共享和校园日常管理，也满足不了政府教育部门管理各地区学校和教育相关机构的和服务大众的需求，而系统的更新与运行维护却迟迟得不到资金和人员的投入来解决。教育信息数据的采集在全国各地区也需要专业人员的搜集、查看、录入，数据库大量数据的管理、处理则需要数据库管理系统来组织、维护和运行管理，随着教育数据的不断增加和积累，对数据库管理系统的运行与维护提出了越来越高的要求。同时，数据资源的整合与共享、标准化的相关更新、移动信息系统服务平

台的更新等，都需要一整套的教育管理信息系统运行与维护保障体系来维持运作、支撑保障。

最后，教育管理信息系统的信息化程度还不够高，信息化网络技术应用不够广泛和深入。现今，数字化校园、电子教科书、移动教育与学习等新型教育方式逐渐被广泛应用，大数据挖掘、物联网、云计算已经在许多行业被广泛运用，但教育信息化的发展还没能跟上信息化技术的发展，许多地区和校园还没有积极应用信息化技术武装其教育管理，使其管理和服务效率低下，教育管理方式仍然比较落后。

虽然伴随着我国教育信息化的发展，各个政府教育机构及学校都建立了各自的教育管理信息系统，但各个机构的网站门户和政府教育管理信息系统的建设、管理、规划等参差不齐，没有统一的建设发展规范和标准，管理体制不健全，运行与维护保障体系没有完善，信息化程度不高，导致信息系统的内容信息不健全，服务不够完善，存在诸多问题，影响用户体验和管理人员的使用。

(3) 队伍建设和管理

教育管理信息系统的信息化队伍通常包括信息化工作的建设和运维人员、管理人员、规划决策人员、日常应用及硬件设备设施管理维护人员等，在教育现代化过程中，不断培养和建设一支高水平、高素质、高效率的教育信息化队伍是建设和完善教育管理信息系统的有力保障。所以，教育信息化人才队伍建设是教育信息化建设的第一要务。然而，在实际工作中，伴随教育信息化的发展，教育管理信息系统的建设和完善在信息化队伍建设过程中却面临诸多困境。

第三节　高校教育管理信息化改革路径

一、加强教育管理信息化顶层设计

顶层设计，即自上而下的设计，是从全局的角度出发，抓住重大问题，统筹考虑各层次、各要素，集中有效资源，快速高效解决问题的方式。其核心就是使各层次、各要素围绕核心理念彼此衔接、运转。

目前，大多数高校虽然制定了教育管理信息化的规划，但是受限于各种因素影响，整体性和长远性都有所欠缺，系统数据标准不同难以集成、各部门系统重复建设、系统建设未考虑学校长远发展等问题频发，很难引领学校的管理信息化整体发展。因此要想科学合理地进行教育管理信息化顶层设计，要运用好数字治理理论，从整体性出发衡量人员理念、运行机制、建设标准、发展阶段、实践需要等各个层次、要素，有效规避各类风险，保障高校教育管理信息化的有序健康发展。

（一）制定教育管理信息化发展战略规划

高校要在现有条件和未来条件下实现战略既定目标在于高校教育管理信息化发展战略规划的合理性，并且要加强教育管理信息化的顶层设计，制定学校信息化发展战略规划，这样才能在后续教育管理信息化推进的过程中做到胸有成竹。高校教育管理信息化的发展是全校人员共同的目标，这就要求高校领导者在制定信息化战略规划的时候，有合作开放的思维，坚持可持续发展的原则，用战略发展的眼光去计划。目前，大部分高校在智慧校园的建设上投入了很大的热情。建设智慧校园意味着要建立一个“高效、节能、智能”的绿色校园，这也需要在建设初期就要对各方面、各层次、各要素进行精心的设计和规划，如平台搭建、资源分配、利益划分、结构重组、评估体系等，要激发全员参与的积极性和主动性，深入与技术的融合，体现信息时代的人性化，提升高校教育管理效益的同时提高管理的质量。

（二）加强教育管理信息化组织领导

高校教育管理信息化的发展需要有专门的信息化管理机构来领导。各高校需与国家、政府部门紧密协作探索首席信息官（Chief Information Officer，CIO）的运行模式，统筹规划信息化的系统建设，充分调动各二级学院、各部门，并在其中设置信息化岗位，使信息化嵌入高校的每一个组成单元。据调查，首席信息官的人选大部分是高校的副校长或者是信息技术部门主任，也有一部分学校是由教务长或校长来担任。不过，不管是独立存在的首席信息官，还是兼职首席信息官，各高校都

要根据自身的实际情况，要发挥他们在战略规划决策中的主导作用，实现学校教育管理信息化水平的显著提高。当然，一个合格的首席信息官不只是有信息化系统规划和改革领导能力，还需要有积极主动的工作态度，做到对各种信息化政策及实施方案、意见等的上传下达。另外，顶层设计不是一成不变的，毕竟社会是一个动态系统，所以作为首席信息官，要有足够的创新意识，要顺应时代的变化和发展，积极地推动工作创新，不管是技术创新还是应用创新。

（三）明确教育管理信息化发展架构

各高校教育管理信息化的发展必须有一个清晰的架构，确保数据采集、管理、使用、维护等各个环节能无缝连接、运行流畅，从而促进学校信息化建设可持续发展。各高校在国家的领导下，可以借鉴发达国家教育管理信息化发展的经验来规划出符合学校自身定位和发展实际的架构。坚持“业务”“问题”为导向，坚持建设与运行维护并重，明确教育管理信息化发展的战略目标，考虑全校人员的利益，提高实施方案的科学性和可操作性，实现建设效果的最大化。

二、完善教育管理信息化体制机制

（一）统一标准、统一规划的建设机制

教育管理信息化是一项系统工程，其建设规划是做好管理信息化工作的先决条件，也是管理信息化建设的依据和指导纲领。而统一的建设标准是完成系统集成与共享数据库建设的基础，也是学校管理信息化长远发展的需求。统一的信息标准规范、用户标准规范、运维服务标准规范、信息安全标准规范可以最大限度地实现数据共享、保障系统后期运维、提高服务质量、保障信息安全，有效防范管理信息化过程中的各种弊端。当前大多数高校已经制定了统一的建设标准，达成了管理信息化职能部门统筹全校管理信息化工作、负责全校管理信息化规划的共识，但是在高校教育管理信息化实际建设过程中，系统数据标准不统一、系统重复建设等问题屡见不鲜。深究其原因，一是管理信息化建设标准的制定晚于系统建设的时间，前期建设的系统受限于业务流程正在使用或

合同限制无法进行统一标准的修改；二是学校系统大多采用直接购买的形式，系统数据标准和学校建设标准有较大出入，修改耗费大量时间、人力和物力。但是在系统集成整合的过程中，我们发现同一标准、同一规划的建设机制如果得不到落地，将直接影响数据共享的进程和质量，影响高校高质量内涵式发展，阻碍高校治理能力现代化。

基于上述分析，对信息系统建立统一的建设标准是非常有必要的，对于新建的信息系统，不论采用何种合作方式建设，都应该遵循信息化部门的要求，只有这样才能保障各系统在硬件管理、软件管理、安全防护管理等方面的稳定运行，保障数据的“一数一源”，消除数据孤岛。

（二）全覆盖、全周期的互动机制

教育管理信息化各主体间的良性互动关系，可以约束各自的权利、协调各方的利益关系、更好地整合教育管理信息化资源，推进我国高校治理能力现代化。在信息化建设过程中，务必以用户需求为导向，注重双向沟通，不断调整建设方案。现阶段高校许多系统交付使用后功能使用率不足三成，究其原因就是与用户互动机制尚未建立，与用户沟通不畅，按照自身业务开展进行管理信息系统建设。所以必须建设贯穿管理信息化系统全周期的多方参与互动机制，广泛吸收用户的意见。学生作为管理信息化的重要参与者和最终使用者，其想法需求直接影响系统建设效果。因此要畅通沟通渠道，创新学生参与形式，为学生用户参与管理信息化建设创造有利条件。在管理信息化项目立项之初采用调查问卷的方式收集学生需求，获取学生的想法和顾虑；在项目施工过程中允许并鼓励更多的学生参与其中，通过实地访谈等方式采集意见；随机选择部分学生参与建设的协调会，并让其负责部分工作；在管理信息化项目测试使用阶段，要大规模邀请学生参与测试，并根据反馈意见及时进行修改。

教职工对于教育管理信息化产品整体满意度较低，主要是反映管理信息化产品对教职工反馈更新不及时、系统操作复杂，缺少产品的使用培训等。因此，在今后的教育管理信息化建设中，要注重及时跟进反馈意见的修改、加强与教职工用户的交流沟通，主动跟踪其需求变化。

（三）科学、客观的评价考核机制

在教育管理信息化的建设过程中，采用科学客观的评价机制，可以准确掌握学校管理信息化建设的情况，为下一步的建设决策提供有力支持，促进学校管理信息化的高质量发展。

现阶段我国还未建立统一的信息化评价指标体系，现有的指标体系导向性、驱动性、动态性不足，往往存在信息化职能部门既是建设者又是裁判员的现象。因此，要通过完善信息化指标体系、引入多元的评价主体等方式构建科学客观的高校教育管理信息化机制。

（四）实时、透明的监督机制

管理信息化监督机制就是各参与者对管理信息化工作和人员行为展开观察、评价及改造的系列过程，强调监督过程的公平透明、实时准确。现阶段我国高校监督普遍存在信息资源不足、工作效率较低及监督成效不理想等问题，因此，要通过大数据等新兴技术改变传统监督方式受时间、空间、人力限制的现状，构建“互联网＋监督”机制。

大数据监督采用智能化的手段，通过建立互联网监督平台有效控制监督成本、拓宽监督区域、缩短监督环节。这种方式使监督人员和被监督人员联系更加便捷，大大提高了处理问题的效率。

（五）高效及时的运维管理机制

目前，我国教育管理信息化建设已进入深水区，高校的硬件设备、信息系统及数据量不断增加，高校运维管理难度也不断增加。而我国高校在运维管理队伍培训考核、运维管理操作流程与衡量标准等方面还不够完善，不能有效支撑管理信息化运维工作。因此，必须建立高效及时的运维响应机制，提高运维管理的效率和质量，保障师生用户的服务体验。

高校应建立高效的运维管理机制，明确运维的对象和内容，实时监控设备系统的运行状态；根据问题的影响和紧急程度实施分级管理，明确对应的响应时间和应急处理预案；建立运维管理手册，通过标准化、规范化的操作指导有效提高管理水平；加强运维管理队伍建设，通过进修、培训、自学、科研等方式提高专业水平；明确管理责任制，避免工作推诿等问题。

针对学生提出的响应时间较长、维修不及时的问题，学校应加强与学生用户的沟通互动，及时找出问题产生的原因，建立问题解决反馈机制，提高学生的用户体验。针对教师提出的运维人员服务响应及时但问题解决水平低的问题，学校应加强专业的技术培训，同时建立并完善故障库，储备运维管理知识，这样才能缩短解决问题的时间。

三、整合教育管理信息化资源

（一）建设校级数据标准、数据字典

高校的教学、科研、行政管理等各方面都需要进行数据的采集和处理，当前多数高校还未建立起自身的校级数据标准和数据字典，数据字段在相互独立的各部门系统进行重复采集，这种方式直接造成了数据的重复和不准确，进而在数据共享的过程中需消耗大量的人力、物力进行核查。

通过数据字典的确立，实现一次采集为全校各系统共同使用，确保了各数据的准确性、唯一性。同时，统一数据标准可以实现各系统、各处室的统一管理，大幅提升工作效率，节约各类资源，促进系统的数据共享。数据中心可以对数据字典的数据进行深层次、多维度的分析和处理，对一些未知的情况做出科学的预计和判断，使管理方式变被动为主动，进而辅助高校管理者科学地决策。

因此，高校要统筹全校管理信息系统的集成和数据的交换共享。首先，做好信息系统管理中的所需要的硬件资源的规划，整合现有资源，构建校级数据中心；其次，在做好硬件资源建设的基础上，统一各管理信息系统的数据库、数据接口、中间件等关键环节的管理，确保数据在各管理信息系统间的高效、有序流通；最后，明确管理信息化部门的定位和职责，由信息化部门负责全校管理信息系统的建设。今后定制开发管理信息系统，需由信息化部门统一沟通协调，参照学校数据标准建设，通过系统对接和数据同步的测试之后方可上线运行。

（二）梳理现有服务，进行流程再造

对学校现有管理信息化类服务进行全面梳理，综合全校管理信息化的发展，全面设计管理流程，实现全局的最优。主要从管理理念、服务意识、管理机构设置等方面进行再造。

首先要进行管理理念的再造，统筹全局，科学规划，改变将管理信息化作为手段的思想；以提高用户满意度为导向，真正实现以人为本的教育理念。以用户为主体，以用户满意度为中心，行政权力和行为均围绕用户满意度展开，向着“服务行政”转变，提供高效的公共服务，而公民就是享受公共服务的“用户”。基于此，高校管理信息化工作要增强服务意识，以用户需求为中心，加强需求调研，重视用户体验。建立基于结果的满意度反馈机制，对服务态度、专业水平、服务质量等多个因素进行评价。

四、加强教育管理信息化安全管理

高校网络信息安全涉及技术和管理等多个方面的问题，这些问题决定了管理信息化的成败。相比较网络信息安全技术的不断进步，现阶段网络信息安全管理的问题逐渐凸显，越发被社会所关注。

目前，我国高校网络和信息系统的信息安全上存在的缺陷主要在四个方面：一是管理和安全体系不够完善，高校管理和安全体系没有覆盖管理信息化的全过程周期，制度不够科学、规范。二是管理信息化中多方参与机制没有形成，主动参与度不高，没有形成统一的共识。三是缺少有效的管理监督机制，对管理信息化中安全管理的职责不明确，监督不到位。四是管理信息化中各参与者网络信息安全意识缺乏。

对此，可以参考以下几点改革措施。

第一，对各信息系统和网站实行全周期闭环管理，主要涉及网络安全准入、网络安全评估、日常网络安全检查、年度安全审计等方面，避免因关键环节遗漏造成网络信息安全事件。

第二，构建科学合理的监督防范机制。落实网络信息安全责任，创新网络信息安全监督方式，通过网络安全运维管理平台等形式实现实时、透明、有效监督，避免因管理人员疏忽导致网络信息安全事件。

第三，加强网络信息安全宣传和培训。采用丰富多样的培训方式提高管理信息化建设中各参与者的网络安全意识和素质，促使决策层、管理人员、广大师生达成“网络安全为人民，网络安全靠人民”的共识，实现共建共治的新局面，为网络安全管理奠定基础。

随着高校管理信息化的不断深入，高校网站和信息系统也越来越多，网络信息安全威胁也随之而来。为应对当下复杂的形势，高校还应做好全面有针对性的安全检查，特别是针对建设时间较早的遗漏网站和系统，及时处理僵尸系统。同时，做好各系统容灾备份工作，对数据、应用、业务建立不同的容灾机制，通过远程镜像技术、快照技术、备份一体机等实现有效备份，降低高校发生网络安全事件造成的损失。

通过上述分析可以看出，高校信息安全防护是一项长远的系统工程。病毒、木马的高发性、变异性决定了高校需要不断优化自身网络安全防护机制。高校必须增强各参与者的网络安全意识，努力达成共识，同时通过创新监督方式有效监督安全管理运行，实施全周期闭环管理、分类管理，有针对性地对重点环节、重点系统进行监控，这样才能形成一种共建、共治、共同防护网络安全的新局面。

五、优化组织结构

在追求竞争和效率的今天，管理信息化的应用起到了优化工作流程、提高管理效率、辅助决策等作用，使我们能够在竞争中脱颖而出。教育管理信息化完美契合国家实施“双一流”高校建设的理念，打破终身制，鼓励竞争，注重绩效，这也是新公共管理理念在高等教育中的一次实践。

但我国现有高校管理的组织结构的设置不够科学、规范，直接或间接影响了管理信息化的进程。因此，我们要通过整合信息化部门提高其协调和影响能力，通过扁平化管理打破阻碍教育管理信息化发展的科层制度，建设数字空间的虚拟大学。

（一）整合信息化相关部门

信息化部门是高校教育管理信息化的组织保障，高校创新最根本的问题就是高校组织的创新。在注重管理信息化的高校，学校依据归口管理业务不同设立了数个管理信息化职能部门。例如，信息中心、信息设备处、现代技术教育中心等，分别负责各自的管理信息化工作。但是这类部门大多听命于不同的主管领导，学校教育管理信息化的规划决策、建设管理“多头”问题普遍存在。学校师生员工经常在管理或服务出现问题时无法找到问题的归口责任部门，多个职能处室彼此之间互相推卸责任，管理质量和服务水平无法提高。在对管理信息化缺乏重视的高校，受到传统理念和人员编制的约束，管理信息化职能部门依托于二级学院或处室，组织协调能力极为有限，难以担负推进全校教育管理信息化发展的重担。因此，重视管理信息化的大学应该积极整合重组管理信息化职能部门，发挥其对全校管理信息化工作的引领作用。而管理信息化缺乏重视的高校，更应整合管理信息化部门，提高信息化职能部门的定位和影响力，力争实现教育管理信息化的规范统一管理。

（二）打破科层制，实现扁平化管理

受信息技术高速发展的影响，高校的教育信息化管理正受到严峻挑战，高校改革创新已成为当前最受关注的话题，而高校改革创新的根本就是组织结构的创新。社会上倡导的扁平式组织结构在管理领域正发挥着使其天翻地覆的作用。通过减少层级、授权和分散决策权等方法实现权力的下放，能够有效调动基层管理人员的主观能动性，增强自助服务意识，实现向以服务为导向的灵巧型组织转变。科层制的管理模式，在一定程度上起到了提高高校管理效率、稳定高校管理秩序的作用。但是随着高校事务的不断增多，传统科层制传递层次多、信息失真的问题越发凸显。机构重叠、职能交叉、多头指挥、效率低下等问题严重阻碍了高校学术发展。

多层次垂直管理、职责明确的高校组织结构越发不足以满足不断增长的办学规模，师生对于管理创新的需求不断增加。因此进行组织革新，探索快捷精准、满足更大规模和高质量发展的组织结构，已成为各高校管理改革的着重点。精简组织结构，关注核心任务，确立竞争优势，成为各高校进行组织结构革新的第一构想。组织结构相较传统的组织结构呈现出扁平化、分立化、虚拟化、边界模糊化等发展趋势，组织结构动态性增强。其中最重要一环，是组织结构的扁平化。而教育管理信息化则是扁平化理论的技术前提。管理信息化的传播方式更加注重部门间的横向传播，追求简单高效，这恰恰与扁平化管理以工作流程为中心、注重层次简化和权力下放基层的特点相一致。管理信息化通过促进管理的扁平化，提高了信息流动的效率，增强了教职工的团队协作意识，解决了传统科层制下信息失真的问题，由此为高校决策提供组织基础。

（三）构建现实＋虚拟的组织结构

构建高校“数字孪生”，在物理空间高校的基础上构建另外一个数字空间的高校，推动物理空间上的高校和数字空间上的高校“理生融合”，实现信息化和教育深度融合发展。构建线上＋线下服务大厅，根据业务流程组建永久性的项目小组，独立于组织结构之外。例如，学校迎新工作，根据收费、住宿安排、班级安排、一卡通办理等多个业务，将每项业务的管理人员组合成为一个小组，避免因为跨部门办理业务造成相互推诿的现象。

六、加强信息化队伍建设

高校教育管理信息化队伍，肩负着学校管理信息化顶层规划、系统建设实施、系统运维管理等众多工作，其理念、做法直接影响着学校管理信息化的建设质量和水平。然而，当前高校教育管理信息化队伍定位不清、规模不大、职称难评、薪酬倒挂的问题依然存在，严重打击管理信息化队伍的积极性。因此要从理念、编制、人才队伍的选录、发展机制等方面进行改革，解决时代赋予“责任之重”与行业惯性所带来“定位之轻”这一矛盾。

（一）明确教育管理信息化队伍定位

现阶段许多高校信息化部门还承担着低水平的维护工作，部门定位

不高，许多政策难以执行。这导致管理信息化人才无法得到可持续发展，信息化部门的统筹、引领作用无法施展。因此要明确管理部门在全校管理信息化工作中的引导地位，推进首席信息官制度的执行，统筹全校管理信息化工作。

（二）创新用人模式

高校管理信息化人员在做好全校管理信息化的规划、组织、实施之外，还需要对高校管理信息化的软硬件资源进行运维管理，其服务范围广、工作量大，因此要引入更多的管理信息化人才，加强管理信息化团队建设。同时要积极进行用人模式的创新实践，实行专职与兼职相结合模式，再通过购买服务等形式吸引社会各界人士更多地参与到管理中来，真正实现高校管理信息化的多元治理。

（三）完善分类评价考核体系

近年来，国家出台多项高等教育职称改革文件，坚决克服“唯学历、唯资历、唯帽子、唯论文、唯项目”的评价倾向。落实分类评价体系已成高校评价考核体系的关键。管理信息化人才评价体系应充分考虑岗位特殊性，建立涵盖服务满意度、工作业绩、专业水平等多维度的考核指标，变定性评价、静态评价为定量评价、动态评价，更好地激活管理信息化队伍内部竞争，更好地提供优质服务，更好地体现管理信息化工作对学校治理的价值和贡献。

（四）推进薪酬制度改革

现阶段，我国各地相继出台了人才引进的优惠政策，人才竞争越发激烈。管理信息化人才作为兼顾管理与技术的复合型人才更是为市场所追捧，而高校人才选录大多采用“一刀切”式的待遇，与市场差距太大。因此，只有通过薪酬体系的改革和创新人才激励机制，才可能留住高端人才，并吸引更多人才流入。此外，还要给予专业人才相应的待遇倾斜，以此吸引更多的管理＋技术复合型人才。

参考文献

[1]曹喜平,刘建军.高等教育视域下高校人力资源管理研究[M].石家庄:河北人民出版社,2018.

[2]陈晔.新时期高校教育管理实践研究[M].北京:现代出版社,2020.

[3]崇加浩.大数据对高校教育管理的影响及对策分析[J].创新创业理论研究与实践,2022(18):154－156.

[4]戴月舟.新时代高校教育管理与创新研究[M].汕头:汕头大学出版社,2022.

[5]单林波.高校教育管理体系构建研究[M].北京:首都师范大学出版社,2022.

[6]党星."以人为本"理念下高校教育管理模式创新[J].包装世界,2023(10):136－138.

[7]刁溯.教育心理学背景下高校教育管理体制的改进及创新对策[J].佳木斯职业学院学报,2023(7):136－138.

[8]丁兵.当代高校教育管理研究[M].西安:西北工业大学出版社,2019.

[9]范良辰.大数据环境下高校教育管理信息化改革研究[M].北京:中国原子能出版社,2022.

[10]范晔.基于创新教育理念下的高校教育管理[M].长春:吉林出版集团股份有限公司,2022.

[11]方芳.网络信息时代下高校教育管理的探讨[J].中国宽带,2021(1):143.

[12]高健磊.新时期高校管理与发展路径探索[M].北京:中国政法大学出版社,2021.

[13]郝福锦.大数据技术在高校教育管理中的应用研究[M].北京:中国原子能出版社,2022.

[14]洪剑锋，屈先蓉，杨芳．互联网时代下高校教育管理与评价创新[M]．延吉：延边大学出版社，2022．
[15]黄应彬．高校教育管理体制创新探究[J]．魅力中国，2021(26)：249－250．
[16]孔丽华．新形势下高校教育管理的现状与机制创新[J]．科学咨询，2021(10)：44－45．
[17]梁丽肖．教育信息化背景下高校管理机制探究[M]．长春：吉林人民出版社，2021．
[18]刘阳．高校协商民主教育管理模式研究[M]．长春：东北师范大学出版社，2018．
[19]卢保娣．大数据时代高校教育管理及其信息化建设[M]．长春：吉林大学出版社，2021．
[20]卢新吾．当代高校教育教学管理科学研究[M]．长春：吉林大学出版社，2010．
[21]吕村，谭笑风．高校教育管理与教学研究[M]．长春：吉林文史出版社，2020．
[22]欧高林．创新教育理念下高校教育管理改革路径探析[J]．创新创业理论研究与实践，2021(12)：66－68．
[23]彭颖怡．互联网时代高校教育管理模式的创新[J]．中国成人教育，2023(2)：20－23．
[24]郄昆才，任洪艳，李婷．现代高校教育管理模式的创新研究[M]．长春：吉林出版集团股份有限公司，2023．
[25]宋栋，宋朋城．高校教育管理工作实践与理论探索[M]．兰州：兰州大学出版社，2011．
[26]唐小兵．高校干部教育培训项目管理研究[M]．武汉：武汉大学出版社，2018．
[27]陶能祥，董泽芳．分化与选择高等教育分流的理论与模式[M]．武汉：华中师范大学出版社，2018．
[28]汪文娟，何龙，杨锐．高校教育管理创新研究[M]．北京：北京工业大学出版社，2018．

[29]王炳堃.高校大学生管理教育与校园文化建设[M].长春:吉林出版集团股份有限公司,2021.
[30]王欢.公共治理视域下高校教育管理创新路径[J].山西青年,2023(12):178—180.
[31]王路娟.高校思想政治教育管理与建设研究[M].北京:新华出版社,2017.
[32]王小红,张晨,张丹.高校教育管理模式改革与创新实践研究[M].北京:现代出版社,2021.
[33]张顺能.茶文化融入高校教育管理的途径探析[J].福建茶叶,2022(4):138—140.
[34]张伟,丁彦.基于人工智能视角的高校教育管理与信息化教学研究[M].北京:北京工业大学出版社,2021.
[35]张莹.新时期高校教育管理创新研究[J].科技资讯,2021(21):133—135.
[36]赵天琦.互联网环境下高校教育管理模式创新途径探析[J].互联网周刊,2023(12):91—93.